# 成长与价值

## 科技基金经理的投资逻辑

点拾投资 著

INTERVIEW
WITH
TOP
CHINESE
MANAGER

How to invest in tech stocks

机械工业出版社
China Machine Press

图书在版编目（CIP）数据

成长与价值：科技基金经理的投资逻辑 / 点拾投资著. -- 北京：机械工业出版社，2022.8
ISBN 978-7-111-71335-7

I. ①成… Ⅱ. ①点… Ⅲ. ①科学技术 – 投资基金 – 基本知识 Ⅳ. ① F830.59

中国版本图书馆 CIP 数据核字（2022）第 140888 号

本书是知名财经自媒体"点拾投资"对国内知名的科技基金经理进行的深度访谈记录，分享和总结了这些科技基金经理的投资理念、投资逻辑、选股策略。科技基金经理对于成长行业有很高的敏锐度，善于发现行业的趋势，通过深度的研究、和管理层交流，不断加深对科技行业商业模式的认知，在正确的赛道里，取得长期优异的收益率。

## 成长与价值：科技基金经理的投资逻辑

| | | | |
|---|---|---|---|
| 出版发行：机械工业出版社（北京市西城区百万庄大街 22 号　邮政编码：100037） | | | |
| 责任编辑：顾　煦 | | 责任校对：李　婷　刘雅娜 | |
| 印　　刷：保定市中画美凯印刷有限公司 | | 版　　次：2022 年 11 月第 1 版第 1 次印刷 | |
| 开　　本：170mm×230mm　1/16 | | 印　　张：15.25 | |
| 书　　号：ISBN 978-7-111-71335-7 | | 定　　价：79.00 元 | |

客服电话：(010) 88361066　68326294

版权所有·侵权必究
封底无防伪标均为盗版

| 序 言 |

## 科技股投资也是价值投资

许多投资者会把科技股投资放在价值投资的对立面，认为价值投资是买低估值的公司，科技股投资是买高估值的公司，价值投资的波动小，科技股投资的波动大。

事实上，从格雷厄姆对价值投资的定义出发，买公司就是买长期的现金流，因此科技股投资是价值投资的一部分。以市值位于全球前列的科技公司苹果为例，其现金流很好，净资产收益率（ROE）很高。即便是多年前一直被诟病没有利润的亚马逊，其自由现金流也极其充沛，利润较低主要是因为贝佐斯不断把钱投入新业务的研发。

在价值投资领域，真正难以逾越的高峰有两座：巴菲特的伯克希尔-哈撒韦、爱丁堡资管机构柏基（Baillie Gifford，BG）。前者专注于投资稳定增长的公司，后者专注于投资科技成长公司。柏基是许多科技股——包括亚马逊等科技巨头的长期持有人，其理念是：用十年做投资，而不是一年。这恰恰和巴菲特的理念一致。

科技进步能带来劳动效率的大幅提高，对于推动经济的发展有着极其重要的作用。在全球性的人口红利结束后，劳动效率的提高会成为未来几十年全球经济发展的核心引擎，越来越多的科技公司将成为新时代的"火车头"。从这个角度看，科技股投资是我们所有人都需要学习的，如果不懂科技股投资，就难以做好新时代的投资。

科技股投资很难。变化是科技股最大的特点，许多科技领域的伟大公司，几乎在一夜之间被颠覆，最著名的或许就是诺基亚被智能手机的浪潮颠覆。以美国为例，在PC互联网时代和移动互联网时代出现了完全不一样的行业龙头，比如雅虎是PC互联网时代的搜索引擎龙头，但是到了移动互联网时代，就变成了谷歌。

科技股的波动很大。即便是亚马逊，其股价在互联网泡沫破裂后也曾出现过90%以上的跌幅。新能源汽车龙头特斯拉几乎每隔半年就会碰到破产的"谣言"。用后视镜看，这些科技公司都能给持有人带来长期巨大的回报。那么作为投资人，如何在巨大的波动中拿得住呢？相信通过阅读本书，大家能从不同的答案中找到最适合自己的那一个。

相比我的前两本书[一]，本书收纳了更多基金经理的观点，涉及的投资风格和体系也更加多样化。科技对应的行业很多，有新能源汽车、TMT、互联网，有专门投资A股的，也有专门投资海外中概股的，还有投资全球科技股的。通过本书，读者能了解不同的科技股投资方法、不同的投资视角、更加多元的投资体系。

特别感谢机械工业出版社的编辑们，没有他们的帮助，根本不可能有本书的出版。

朱昂

点拾投资创始人

---

[一] 《时间的果实：均衡价值基金经理的投资逻辑》《在有鱼的地方钓鱼：医药基金经理的投资逻辑》，已由机械工业出版社出版。

| 目 录 |

序　言　科技股投资也是价值投资

第1章　优秀的管理层才是公司业绩增长的源头◎杨瑨 /1
　　　　管理层是一家公司的灵魂 /3
　　　　看重公司创造自由现金流的能力 /6
　　　　投资组合要有脉络 /11

第2章　管理层才是成长股的 ROE 本源◎杨锐文 /13
　　　　坚持成长股投资框架 /15
　　　　成长股即将迎来新周期 /17
　　　　选取符合产业逻辑的优秀公司 /19
　　　　构建成长股投资的复利 /21
　　　　通过行业分散抵御波动 /23

第3章　努力走在产业发展曲线前面◎曹晋 /26
　　　　寻找产业发展的曲线 /28
　　　　创新的超额收益是最高的 /30

左侧买产业，不是买概念 / 32

最大的风险是成长逻辑被破坏 / 33

把握 ROE 向上的时代变迁 / 34

长期相信中国国运的海归 / 36

## 第 4 章　供需结构变化是产业投资的关键 ◎ 刘格菘 / 40

七年打好基本功，研究体系覆盖周期、消费、科技 / 42

重构投资体系：尊重市场规律，重视行业配置 / 43

中观击水：选出最有机会的两三个赛道 / 45

严格按照产业趋势，不会永远投科技 / 48

超额收益来自行业配置，管理规模的天花板会更高 / 50

## 第 5 章　逆向左侧投资也能带来超额收益 ◎ 陆彬 / 53

逆向+成长的投资风格 / 55

新能源行业：时代赋予的大机会 / 57

新能源汽车依靠产品力渗透 / 59

光伏进步的速度会超过我们的预期 / 60

逆向寻找非共识的机会 / 61

投资界的"发烧友"/ 62

## 第 6 章　寻找基本面和市场共振的成长股 ◎ 崔莹 / 65

威廉·欧奈尔的 CANSLIM 选股体系 / 67

股价背后是多重因素的交织 / 69

股票的核心是景气度而非估值 / 71

牛股是跟踪出来的 / 73

投资业绩是投资体系和流程的结果 / 74

第 7 章 只要选对股票，就能实现攻守兼备◎冯明远 / 77
　　自下而上的新兴成长股选手 / 79
　　收益来自熊市中对优质成长股的布局 / 80
　　用大格局做新兴产业投资 / 85
　　将精力放在研究公司的终点 / 89

第 8 章 科技股投资的阿尔法，是伴随优秀企业成长◎许炎 / 93
　　以个股选择的超额收益为投资目标 / 95
　　极度看重个股的壁垒 / 96
　　现金流比静态估值更重要 / 99
　　长期超额收益来自正确的价值观 / 100
　　三大周期叠加推动科技产业发展 / 102
　　放眼长期，保持好奇心 / 103

第 9 章 透过现象看本质：寻找投资中的正反馈机制◎姚跃 / 106
　　具有正反馈机制的投资框架 / 108
　　研究原理，而非现象 / 110
　　几个经典的正反馈案例 / 112
　　"非共识的正确"带来的机会 / 116

第 10 章 科技成长股投资需要低换手率◎张丹华 / 121
　　科技股投资符合价值创造的本质 / 123
　　低换手率的科技赛道基金经理 / 124
　　科技代表未来 / 128

第 11 章 成长股投资的本质是赚推动社会发展的钱◎姚志鹏 / 132
　　投资的本质是推动社会进步 / 134

赚大钱不靠景气度判断，而靠对伟大公司的价值发现 / 134

底部敢下手，是因为看得深 / 137

投资的不变就是变化 / 139

用周期眼光看 ROE 变化 / 141

新能源汽车的核心是智能化 / 142

如果不做基金经理，会去做旅游博主 / 144

## 第 12 章　把握产业周期、政策周期与股票周期的三期共振◎刘平 /147

三期共振的投资框架 / 149

个股选择最看重盈利模式的稳定性 / 151

通过细分行业的轮动，保持组合的锐度 / 153

科技行业的护城河来自基础设施 / 155

相较于互联网大平台，更愿意买细分垂直互联网龙头 / 158

两个核心盘 + 四个轮动盘 / 159

通过"检查清单"避免错误 / 160

## 第 13 章　拆分投资链条，在高胜率部分下功夫◎屠环宇 165

把握高胜率的产业方向和个股选择 / 167

以科技周期为核心，建立系统的研究投资框架 / 168

股票收益来自企业的价值创造 / 172

从二次元到扫地机器人：认知横跨不同的科技模式 / 175

体验派研究，怀着一颗好奇心去求知 / 178

## 第 14 章　品性决定投资高度，价值创造源自推动社会进步◎付娟 /183

品性决定投资高度 / 186

市场风格向中小市值切换的长期逻辑 / 188

中观把握行业配置很重要 / 190

重仓股必须要用一句话提炼核心逻辑 / 192

长期看好智能汽车 / 195
　　擅长把握 0 到 1 和 1 到 10 的机会 / 197
　　享受和顶级企业家的面对面交流 / 198

第 15 章　选到好的行业是成功投资的关键◎王鹏 / 202
　　投资景气行业的龙头，追求戴维斯双击 / 204
　　找到未来看好的行业 / 206
　　一个浮盈 600% 的投资案例 / 209
　　找到未来盈利增速超预期的行业，就能有超额收益 / 213
　　对组合永远进行"归零" / 215

第 16 章　把握细分的贝塔机会，也是一种阿尔法能力◎孙浩中 / 219
　　景气度，格局，估值选股 / 221
　　详解新能源汽车和光伏投资地图 / 222
　　选对贝塔，赚估值提升的钱 / 227
　　可能是电芯圈子里最懂周期的 / 228
　　碳中和趋势势不可挡，机会层出不穷 / 230

| 第1章 |

# 优秀的管理层才是公司业绩增长的源头

**访谈对象：杨瑨**

**访谈时间：2018年12月11日**

在这本聚焦科技基金经理的访谈录中，和杨瑨的这次访谈应该是历时最长的，从2018年中开始，稿件经过修改、确认到最后发布，已经是2018年底了。但是，好的投资思想是不受时间因素干扰的，与杨瑨的这篇访谈在过了多年后翻阅，依然值得细读，让人回味无穷。

我和杨瑨认识了很长时间，应该说在2010年他刚进入资产管理行业的时候我们就相识，当时他是我的买方客户。他身上有一个特质让我们所有人感到震撼，那就是没有变化。首先是他的容貌，当你见到他的时候，根本猜不出他的年龄，也无法想象他是一名从业十几年的中生代基金经理。他长着一张永远青春的娃娃脸，没有一丝皱纹，好像也没有一根白头发。从入行到今天，他一直是行业的"颜值担当"。其次是他的性格和待人接物的方式，也没有任何变化。他入行至今，一直对人特别客气。即便今天管理着几百亿规模的基金，成了行业内很知名的基金经理，依然没有一点架子。从他的眼睛里能看到一种海水般的清澈，我想可能他真的有一个纯净的灵魂。

杨瑨是一个特别简单的人，许多朋友这几年都看过他的直播，也特别喜欢他的直播，因为他在镜头前特别自然和真实。我觉得这和他简单的性格有关。他看事情、和人讲话沟通都很直接，不会在说话前脑子绕几个弯，去想对方听到这句话会有什么反应。记得有一次，他为新发的产品做直播，有用户留言问，这个新产品和老产品有什么区别？他很直接地说，其实没什么区别，买老产品也一样。这个回答让大家忍俊不禁。

杨瑨做事情特别认真，我记得当时这篇访谈写好后，让他二次检查一下。正好他工作特别忙，一直没来得及看。直到他去以色列调研，特意把这篇访谈打印出来，然后在飞机上用铅笔修改，并且拍照给我。从这个细节上，就能感受到他做事认真。

杨瑨的从业和投资生涯不是一帆风顺的。他刚入行是看TMT行业的，但当时A股TMT行业的好公司很少，特别是2015年上半年的"互联网+"牛市，涨的都是各种概念公司。这一度让他很痛苦，甚至曾经想离职。他一直希望多看一些优秀的公司。之后，公司的领导让他覆盖海外互联网，他管理的第一个产品就是投资海外互联网的基金，这让他重新找回了研究的快乐。再到后来，越来越多好公司回归A股，A股的产品也可以投港股的优秀科技公司，他的投资也越来越顺。

## 管理层是一家公司的灵魂

**朱昂**：从TMT研究员，到海外互联网基金经理，能否说说你的研究框架和看公司角度的变化？

**杨瑨**：我做研究员的时候，会有一个很完整的研究框架，类似于一个公式，然后把一个个信息填进去，包括公司的治理结构、核心竞争优势、管理团队、盈利模式、行业特征、行业竞争格局、行业所处阶段等。当时我以研究电子行业为主，非常注重具体的研究框架。我会尽量把研究框架做得详尽而细致，不漏掉任何角度。

但是后来，在研究了很多公司，并且看了更多的行业以后，我放弃了过去的这种条条框框的研究范式。我现在看公司，主要看两个点：这家公司怎么想，这家公司怎么做。

**朱昂**：你从过去比较"数据化"的研究框架，转向了今天看公司管理层的比较"软性"的研究框架，能否具体说说为什么公司怎么想和怎么做如此重要？

**杨瑨**：我们要了解公司持续发展的源头在哪里。一家公司怎么想，对应公司的中长期愿景，又对应公司的文化、战略构想和战术执行，最终再对应公司的财务数据、经营发展。而这些都反映了公司的治理结构。

有些公司管理层的愿景并非办一家伟大并且长久的公司，而是想赚了钱套现走人，这种公司的治理结构就比较差。像阿里巴巴这样的公司，治理结构就非常好，尽管公司管理层已经变成了一个职业经理人团队，大家都很有钱，但依然保持着创业的热情，而且看问题比较远。同样的例子还有小米，雷军的个人身价也已经很高了，做小米不是为了赚钱,而是朝着一个梦想而去。

公司的文化、治理结构、企业愿景是"怎么想"最重要的因素。

有了愿景和战略之后,就要看公司的执行力了。有些公司想得很好,也有优秀的企业家精神,但是执行力和管理却跟不上。我曾经研究过的一些公司就有执行力的问题,公司的生态化愿景很伟大,也招募了很多优秀的人才,但是没有在执行上形成合力,没有形成统一的企业文化。最终的结果就是伟大的愿景没有办法落地。这是"怎么做"。

阿里巴巴是既有愿景,又有执行力的公司。还有一些公司,比如美团,它们的执行力很强,尽管战略愿景并不是那么出众,但依然成为伟大的公司。还有大家一直讨论的特斯拉,公司的愿景很有前瞻性,创始人也极具企业家精神,但是我发现它的中高层一直在离职,感觉管理上一定有问题。一家执行力很强的公司,中高层不应该一直在流失。

**朱昂:** 感觉你看公司遵循了"大道至简"的原则,将原本复杂的东西变得相对简单一些。

**杨瑨:** 所有公司都是很复杂的函数,核心就是抓几个重要的参数。目前的研究框架偏向感性认知多一些。以电商的两个巨头阿里巴巴和京东为例,阿里巴巴的战略就比京东要强,而且执行做得很好;京东的战略差一些,比较依赖创始人个人的认知能力。京东的强项在于执行,而从和他们的沟通中,我发现每一个阿里巴巴出来的人,都很清楚公司要做什么,愿景是什么。通过对两者治理结构的分析,就能感受到强文化和弱文化的差异。

许多人喜欢做公司的财务数据对比，这是有意义和价值的，但是财务数据是软性的东西导致的结果。

**朱昂**：许多人特别重视财务数据，从你的角度看，财务数据反映的是管理层和治理结构差异的结果？

**杨瑨**：在跟踪一大批公司成长史的过程中，我越发感觉管理层很重要。以前看电子行业的时候，大家都是自上而下做研究，看消费电子有什么技术创新，手机又有什么新的功能，哪些公司已经在这个赛道完成了卡位，能受益于这种技术创新。但是，很少有人真正了解公司的管理层。

回顾电子公司的发展历程，有些公司最终从单产品线公司变成了多产品线公司，有些公司有一手好牌却杀不出来。我们把时间拉回到2010年，当时包括歌尔声学、立讯精密、欧菲光等都是做单产品的。八年过去了，这些公司的结局完全不同。

造成这些差异的，就是管理层，就是人。有些公司的管理层有很远大的愿景，也有很强的执行力。当然，坚持一件事情是很难的。有些公司的管理层会有所动摇，会去赚一些舒服的钱、快钱。但是这会和公司未来的愿景产生冲突，最终的结果就是许多优秀的高管出走。

电子行业历史上有大量公司在"怎么做"上面出了问题。2010年智能手机爆发前夜，国内做触摸屏的公司不下10家，最后真正做大做强的只有欧菲光。那些做不成的公司，就是输在了执行力上面。

**朱昂**：在电子行业这种偏向制造业的行业，战略和执行力非常重要，丝毫不逊色于互联网行业。能否谈谈你在投资过程中，发现过哪些战略和执行力都非常强悍的公司吗？

**杨瑨**：一个经典的案例就是安防龙头海康威视。这家公司最终能成为全球最大的安防公司，和管理层是分不开的。管理层在战略和技术方面很强，同时对于市场和管理也很了解，他们经常研究华为的组织架构。海康威视这种公司，有非常多的长尾订单，不是几个上千万元、几亿元的订单，而是成千上万个几十万元、几百万元的订单。把长尾项目做好、落地，需要组织架构的支撑。

公司创始人经常说，一家公司要做大，组织架构就要做小，比如两个人就可以是一个小组，为自己的项目组汇报，而不是以部门的形式汇报。所以他们的效率很高、执行力很强。公司的提拔机制很好，大股东对公司干预很少。

公司高管很年轻，骨干很多是"75后"甚至"80后"。和高管聊，每个人都了解公司的愿景，知道要做什么。每个人的风格都类似，公司的工程师文化很浓。你聊下来，各环节感觉是顺的，你就觉得这家公司能够做大。

## 看重公司创造自由现金流的能力

**朱昂**：最初你是看硬件类公司的，现在投资偏向软件类公司，这个变化过程会对你产生什么影响吗？

**杨瑨**：其实没有特别大的影响，我现在不只研究科技行业，也看别的行业。我也会研究海外的公司，我开始理解海外投资者的思路是什么。海外投资者看的是什么？他们买的是一家公司持续经营的自由现金流，他们更看重公司创造综合回报的能力。

我们总经理张晖经常跟我们聊资本回报率（ROIC）的重要性。

他将公司基于ROIC和增长分入四个象限，ROIC和增长都高的那个象限代表"发电厂模式"。

ROIC代表公司创造综合回报的能力。一家公司的资本性支出（CAPEX）很小，运营成本（OPEX）也很小，但仍能创造很高的现金流，说明公司用很低的股权和债券成本创造出很高的价值，可能具备很宽的护城河。这种公司要么形成了技术垄断，要么生态很强大，要么品牌很强大。

从这个角度看，我做投资后反而很少买当年入行时看的电子公司。这些公司的自由现金流不太好，需要不断投入巨大的CAPEX去买设备。所以你看这种公司的再融资比例很大，长期需要靠资本市场输血。它们虽然增长很快，但是ROIC很一般。

这种公司被张晖定义为"资本瘾君子"。它们不是资本杀手，但是要消耗资本来获取增长。过去很多年，中国出现了一批这种牛股，即高增长和低ROIC的股票。过去大家很少看现金流，更看重市盈率相对盈利增长比率（PEG），即增速与估值的匹配度。

这种ROIC很低的公司，国外往往会给很低的估值。而国内之前更多看每股收益（EPS），不看ROIC。另外，国外很少看好单产品游戏公司或者娱乐公司，这种公司的ROIC不稳定。但是，国内也有一些公司的高ROIC是阶段性的。

**朱昂**：你提到的ROIC是一个非常好的角度，看重公司创造自由现金流的能力，而非仅仅看业绩的增速。能否给我们举一个例子？

**杨瑨**：最典型的就是亚马逊。亚马逊的生态很强，每一块业务的壁垒都很高。许多人以为亚马逊不赚钱，但是其实它的自由现金流很好，一年差不多有200亿美元的自由现金流。公司的业务不一定每一块都是行业第一，但形成的综合生态却极难被复制。在这种体系下，一旦公司进入稳定期，就能给股东创造很可观的自由现金流。

如果看自由现金流，其实亚马逊估值不是那么贵。公司在研发、内容、数据中心和物流上有大量的投入，阶段性有一些盈利的压力。但是，一旦投入放缓，利润就会快速出来。

还有一种软件类公司也很典型，它们和互联网公司有些类似。美国有很多SaaS①云服务公司，它们的利润很低，甚至有亏损，但是为什么我觉得它们的商业模式比电子制造业好？因为虽然它们的获客成本前期很高（客户教育普及、实施使用要耗费很多钱），但是一旦获得了客户，客户的迁移成本也很高。可能用这个软件十年，每年会付很多钱，甚至未来还会遇到提价。好的软件公司的客户流失率可能在5%以下，客户留存率比互联网公司高很多。互联网公司有次日留存、七日留存，电商平台一比价，就跳到其他平台去了。

这些公司到后期，不需要再大规模获客了，那时候利润率就会很高。典型就是微软和Adobe，Adobe的利润率在40%以上。此外，这些公司可以收到大量的预收款，自由现金流会远远好于利润表中的利润。

**朱昂：** 其实这有点像巴菲特说的复购率，用户用了就会不断购买。

**杨瑨：** 研究美股多了以后，最深刻的感受就是这种"发电厂模式"或者说"印钞机模式"的公司很多。这种公司的商业模式是不需要花很多OPEX或CAPEX，就能创造很多现金。这和产业地位有关，和国内目前许多科技公司还是不同的。

---

① 软件即服务。

你看 IT 产业链、云计算生态，从芯片开始，整个生态都由海外厂商制定标准。虚拟化软件、整个开源社区都在他们的手里，阿里巴巴用的也是国外的开源社区。他们掌握开源社区的意义是，他们会引领这些社区往前走，话语权还是掌握在这些人手里。再往上，应用软件都有行业标准，比如 Adobe、Autodesk、用于芯片设计的 EDA 等仿真软件，都掌握了行业标准以及定价权。为什么 ROIC 很高？因为有定价权。甚至一些制造业标准，都在海外厂商手里，比如我们的计算机和手机上的连接器传输标准，就是海外厂商制定的。

这是偏向静态的分析，因为美国很多商业模式都很成熟了，根基足够厚。你不需要花太多精力分析公司的执行力、战略等，因为历史已经证明了。但长期看，还是要看管理层。比如，软件行业偏成长的公司多一些，你还是要看管理层，因为竞争格局没有形成。再比如，云计算、互联网也都在发展阶段。

**朱昂：** 你提到"印钞机模式"，国内是不是有些消费品公司也符合这个模式？

**杨瑨：** 消费品公司讲的是品牌和渠道。中国大部分的品牌是渠道品牌。它们通过很强的品牌和渠道曝光，让你耳熟、眼熟。很多品牌你不知道是什么，但就是听过、看过。在一堆品牌中，你就会选择它。

真正的心智占领，还是海外那种大品牌，蒂芙尼、雅诗兰黛，耐克也算是，这种品牌发展历史很长，消费者不太会因为看了别家的广告就转去购买别的品牌。

渠道品牌会在部分行业出现，在有些行业可能永远不会出现。比较典型的是高端白酒，大家在宴请最重要的客人时，买的还是茅台。

有时候请朋友随便喝一些，你可能会选别的，但是高端宴请的时候你不会考虑平时经常听到或看到的牌子，这是茅台对消费者的心智占领。

茅台的ROIC为什么高？因为长期的品牌营销和文化内涵沉淀。茅台可以用很低的营销费用和CAPEX，创造很高的利润和现金流。这在中国很少见，典型的如部分白酒龙头和品牌中药。

欧美很多品牌也并非心智占领型，包括联合利华、宝洁和欧莱雅。它们靠的是产品矩阵、品牌矩阵。它们的营销很强，但这不是品牌的心智占领。它们也可以创造出较高的ROIC。

**朱昂**：你身在国内，但是你的产品中有不少海外的互联网公司，你是怎么研究这些海外公司的？

**杨瑨**：海外公司的信息披露度很好，大部分美国公司的治理结构非常好。许多科技公司发展了几十年，比如微软、Adobe，经历了三四代管理层交接班。几代CEO在公司的时间都很长，都是内部培育起来的，理解公司的文化。这些公司的战略可能会变，但是愿景不会变。

中国公司的管理层很多是创一代，治理结构还不够好，到后期往往缺乏后劲。在财富自由后，一些创一代管理层由于太累了，再加上有很多诱惑，就放弃公司，去做其他事情了。中国还有很多公司是家族式经营的，不太相信职业经理人，要传承下去很难。因此，中国公司的历史大多不长。

美国公司的历史就很长。我买过一家做材料的公司，做了200年了，也就十几亿美元的销售额，但是仍然专注于把一件事情做好、在这个行业做好。

海外信息披露比较透明，我经常听海外公司的业绩发布电话会，这个是最重要的，比看卖方报告要好很多。管理层会讲战略、战术调整。此外，可以找投资者关系部门约电话会沟通。我们每年会去美国看一两次。还可以找专家聊一聊，不过很多公司是全球化经营的，在中国也能找到专家。

## 投资组合要有脉络

**朱昂**：说了很多研究和看公司的角度，能否谈谈你是如何构建投资组合的？

**杨瑨**：投资组合一定要有脉络。你要知道哪些公司在哪些脉络中，具备哪些相同的行业驱动力和行业风险。我会找好的脉络，比如云计算，我觉得是未来三到五年最好的脉络。但不会只看赛道和模式，还会看管理层。有些公司在一个好赛道上，但实际上不一定能成功。好的管理层是可以跨界的，这类好赛道的差公司可能会被降维打击。

组合中的投资脉络会有多条，一条脉络最多占十几个点的仓位。有些公司在不同行业，但我觉得在一个脉络上，比如旅游和酒店在一个脉络上，代表中国经济的活跃程度，特别是民营经济，它们的风险也是类似的。一旦中国经济活跃度放缓，出去旅游就会减少，住酒店的人也会变少。我会把相关族群的占比降低。

之前教育股出了"黑天鹅"事件，但我这条脉络持仓占比不高，对我的影响就不会很大。我的脉络之间的相关度会保持得尽量低一些，互联网一条，云计算一条，消费升级一条，等等。哪怕一条投资脉络不行，对我组合的影响也不会很大。

**朱昂**：你的持股集中度过去几年有什么变化吗？

**杨璟**：2017年我的集中度是比较高的，主要是因为那时候能买到一批被低估的公司。许多公司经历过2016年四季度的暴跌，估值很便宜，比如那时候阿里巴巴很便宜。实体经济也很好，就可以买很多。现在持仓集中度在下降，2018年有很多"黑天鹅"。

看了美股后，感觉全球科技公司还是海外的强，中国的差一些。科技行业重研发和重渠道，有很高的研发成本和获客成本。很多中国公司都是做项目的，这意味着现金流不太好，规模也很难做大。

我做投资很少去预测未来，最终还是回归到公司的本质，看管理层是怎么想的，公司是怎么做的。未来发生的一切都基于公司的人。

## 投资理念与观点

▶ 我现在看公司，主要看两个点：这家公司怎么想，这家公司怎么做。

▶ 公司的文化、治理结构、企业愿景是"怎么想"最重要的因素。

▶ 有了愿景和战略之后，就要看公司的执行力了。有些公司想得很好，也有优秀的企业家精神，但是执行力和管理却跟不上。

▶ ROIC代表公司创造综合回报的能力。一家公司的CAPEX很小，OPEX也很小，但仍能创造很高的现金流，说明公司用很低的股权和债券成本创造出很高的价值，可能具备很宽的护城河。

▶ 我做投资很少去预测未来，最终还是回归到公司的本质，看管理层是怎么想的，公司是怎么做的。未来发生的一切都基于公司的人。

| 第 2 章 |

# 管理层才是成长股的 ROE 本源

**访谈对象：杨锐文**

**访谈日期：2019 年 9 月 18 日**

杨锐文是一个非常有意思的基金经理，他非常喜欢调研和研究，很少坐在办公室里，经常在各个地方出差，而且有时候一天会安排好几场调研。每天他都会调研到很晚，有时候晚上八点还要赶赴第二场调研。可能是因为比较忙碌，投资的压力比较大，年纪轻轻的杨锐文长了一头白发，"80 后"的他看上去比真实年龄老了至少 10 岁。有人开玩笑说"每一根白发都是阿尔法"，这句话其实说得也有一定道理。

杨锐文很实在，当我问他为什么过去几年组合里面没有表现最好的白酒时，他并没有从能力圈的角度回答这个问题，而是真诚地告诉我，他对白酒和房地产产业链都看错了。他说，如果早知道白酒表现那么好，他肯定买到组合里了。

我和杨锐文的相识过程很有意思。之前我在卖方做机构销售的时候,他是我的客户,当时他还在看电力设备和新能源。我给他打电话约分析师上门路演,从来没有约到过,因为他基本上一直在外面出差。所以很长一段时间,我和他是"网友",一直到我们2019年的访谈,此时离我们第一次认识已经过去六年了。

今天,杨锐文已经成为管理规模达400亿元左右的顶流基金经理,他长期专注在科技成长股这个方向,而且选股的命中率很高,在许多股票上他都是全市场最早买进的基金经理。许多公司在他买的时候都是黑马,等到过几年业绩兑现了,逐渐被市场所接受。

杨锐文有一个只针对小范围好友的朋友圈,我有幸在其中,能看到他每天发的内容。看了他的朋友圈,就知道买公募基金是一件多么幸福的事情,因为专业的基金经理确实很辛苦,几乎每天都在出差调研。有时候杨锐文为了调研深圳周边的公司,会自己开车几个小时过去。我有时候很晚都想着快点睡觉了,他还要开几个小时车回来,第二天一早再去上班或者出差调研,真的太辛苦了。所以投资成长股真的不容易,还是买成长股基金经理的产品更幸福啊!

## 坚持成长股投资框架

**朱昂：** 我们都知道基金经理都有其稳定的风格，你属于典型的成长风格的基金经理，能否和我们谈谈你的投资框架？

**杨锐文：** 过去三年我们一直在盐碱地里面种庄稼，非常辛苦。2017年投成长股，还算是在一条正常的道路上走，虽然这条路相比投核心资产要窄一些。到了2018年，像走独木桥。2019年上半年就变成了走钢丝绳。

如果投核心资产，就算低于预期股价也不一定会跌。但是投成长股，走错一步就可能"粉身碎骨"。业绩低于预期，可能会有一两个跌停；业绩符合预期，可能跌两三个点；业绩超预期，也可能不涨。

也有人问我，为什么一定要在盐碱地里面种庄稼？为什么不选择一片沃土来种庄稼？说实话，如果三年半之前，有人跟我说投成长股要持续三年半，一直在盐碱地里种庄稼，我肯定不相信。

大家都想选择相对舒服的投资方法，我没有料到过去几年投资成长股和投资"核心资产"在状态上会如此天差地别。

**朱昂：** 说得很实在啊，你并没有想到投资成长股在过去几年会那么辛苦？

**杨锐文：** 我对市场是比较客观的，不是"非黑即白"。过去一段时间，我也在反思自己当时错判了什么，为什么没有在三年半前理解核心资产的逻辑。许多人说是因为外资买入，其实并非如此。外资买入这批白马股，只是一个增强的动作，并非核心变量。

其实 2013~2014 年,外资也一直在买入某白电龙头,但股价并没有很突出的表现。

核心还是基本面超过了我们的预期,背后的原因是我错判了地产周期。把时钟拨回到 2015 年,那时候我对于地产的判断是:库存在高位、三四线城市人口净流出、地方财政压力巨大。当时根本找不到看多地产的理由。

到了 2016~2017 年,我看到数据的走强,但一开始无法理解背后的逻辑。一直到 2017 年三季度,才明白了什么是"棚改货币化"。

过去几年表现强劲的核心资产,许多都和地产周期挂钩,包括白酒也有比较明显的地产周期特征。我们看到,历史上白酒业绩低迷的时候也是地产销售比较差的年份。

事实上过去几十年,中国的房价一直是上涨的,但到了 2017 年之后出现了变化。我们看到,2017 年,包括储蓄和理财在内的金融净资产第一次出现下跌。过去,在房价上涨的阶段,"地主家的余粮"不断上涨,对于消费是促进的。因为家庭的金融资产价值不断上升,导致我们拥有的财富是提升的。但一旦房价开始下降,对消费就会产生负面影响。

事实上,我们已经在汽车、电影等多个消费领域看到了下滑。白酒整体消费并不好,只是高端白酒有一定的金融属性,目前还没有显现出地产周期向下带来的影响。

所以,对于地产周期的错判,导致我们过去几年一直在盐碱地里面种庄稼。

但是我相信,我们未来一定不会在盐碱地里面种庄稼,成长股的投资土壤会变成沃土。

我们在过去三年多成长股土壤那么差的条件下，依然挖掘了大量牛股。我们相信未来如果成长股的投资土壤变成了沃土，会带来更好的收益。

## 成长股即将迎来新周期

**朱昂**：所以你觉得投资成长股的好日子要来了，未来几年会出现成长股投资的沃土？

**杨锐文**：的确如此。未来，成长股投资大概率将进入比较好的时期。我的信息来自以下几个方面。

第一，从2010～2015年这一个完整的科技周期看，我们发现在科技周期的初期都出现了硬件创新以及渗透率大幅提升的过程。iPhone手机在2010年实现了消费者智能终端的颠覆性创新。于是在2012～2013年，我们看到了智能手机的快速普及，渗透率大幅提高。从投资机会上，我们先看到了消费电子的业绩大爆发，再到后来的软件应用。到了2015年，发展到了"互联网+"，各行各业都要融入移动互联网。当时的互联网金融发展得很疯狂，因为行业体量特别大。

而在2015年的科技周期结束后，正好赶上了前面提到的地产周期，所以市场出现了一轮强烈的风格切换。

我认为5G将带来新一轮的科技周期，触发新一轮5G手机的换机周期。就好像在4G下，几乎没办法用3G打开网页，到了5G时代也会如此，那时候4G的上网体验不会很好，推动大量用户向5G

进行切换。

5G一定会带来颠覆性的应用。如同在4G时代前,我们根本想不到移动支付会把现金支付几乎消灭。基于5G的传输速度,物联网、云计算、虚拟现实等都会面临广阔的应用。

第二,华为供应链发生巨变。过去华为的供应链并不好,因为华为对供应商每年都要求降价,但是这在2019年发生了变化。

华为不再以价格作为采购的KPI,而是对国内的供应商进行全方位扶持,甚至还给一些公司提供无息贷款。这也是为什么国内一大批半导体和电子企业的中报超预期。

事实上,不仅仅是华为,大量中国的科技企业都开始将供应链向国内转移。这关系到未来的生死存亡,它们必须扶持国内的科技供应链。

第三,科创板推出具有重大意义。我们看到科创板六大领域几乎和《中国制造2025》中的重点领域基本一致,这意味着科技创新对于中国未来经济转型有重大意义。

过去几年中国的新经济并不好,一二级市场价格倒挂,导致一级市场的创投企业融不到钱。科创板就是在这个背景下诞生的,我认为会给新兴产业树立估值标杆,解决一二级市场估值倒挂的问题,推动社会资源向新兴产业进行配置。

**朱昂:** 但是未来会不会类似于2015年,最终结果可能是一地鸡毛?

**杨锐文:** 这一轮的科技创新企业,和上一轮的完全不同了。我们看科创板里面的科技企业,几乎都是一些讲硬科技的企业,而不是那种讲商业模式的企业。

过去几年，一大批科技企业以非常惊人的速度发展。五年前没有人会相信华为有一天会有这么强的科技创新能力；新能源汽车中电池的地位等同于传统车中发动机的地位；过去没有人会相信中国企业能成为宝马、奔驰这种国际巨头的核心供应商，今天这却发生了。

今天中国科技周期的创新，已经有了天时、地利、人和，只是大家相信中国真正的科技创新还需要一段时间。

## 选取符合产业逻辑的优秀公司

**朱昂：**你过去几年的投资组合的确具有很鲜明的成长股风格，而且从来没有发生风格偏移。我甚至发现许多个股，你都是最早挖掘的机构投资者。如何在成长股中做到前瞻？

**杨锐文：**这里面更多是"道"的问题，而非"术"的问题。回到研究的初心，我刚开始做研究的时候，就比较独立，对于价值，相信用长期去坚守。

在投资中，大家并不是无法发现价值，而是在风格不匹配的时候，大家难以忍受孤独。过去几年核心资产变成了一种信仰，许多人没有看到成长股中走出来的优秀公司。

我一直坚持自己的核心投资理念：在符合产业趋势的行业，挑选高成长个股。

有时候，需要比较长的时间，这些公司的股价才能有表现。这时候，我更多通过深入的研究坚定自己的持股信心。特别是在投资风向不在我这一边的时候,我能够忍受投资中的孤独。

**朱昂:** 你提到在研究上去坚定自己的持股信心,那么你如何对一家公司进行深入的研究?

**杨锐文:** 细节决定成败,我在研究公司的时候,很看重细节,特别是和人有关的细节。

第一,我比较喜欢和公司的中层管理者沟通。一家公司的中层管理者,决定了公司的执行力。相反,公司的老板大概率会对公司的前景过于乐观,如同我们都会高看自己的孩子那样。

第二,我很看重公司的文化。一家公司的文化决定了公司发展的高度和空间。我们每个人都在不同的公司待过,知道公司文化的差异会带来完全不同的结果。

第三,公司的组织架构。这个组织架构一定是能自我进化的,能够伴随着公司的收入规模增长不断迭代。

许多人会关注公司的ROE,我更希望追寻ROE的本源。公司的ROE是由人创造出来的,公司的人是ROE的源头。只有我们找到了本源,才能对公司产生信任,在波动中耐得住寂寞。

当然,我持有一家公司还有两个前提。

第一,这家公司必须做出好的产品。一家公司把产品做好是最基本的,如果产品都做不好,那么其他事情可能也做不好。

第二,这家公司必须是可跟踪和可验证的。如果一家公司不可跟踪,那么我的投资逻辑如何得到验证?我会屏蔽掉那些不可跟踪、不可验证的公司。

**朱昂：** 你非常看重一家公司的人的因素，但人这一因素有一些务虚，对人的判断非常难。你如何在自己判断错误的时候进行纠错呢？

**杨锐文：** 既然对于组合中投资标的的判断基于对ROE的本源，也就是对人的判断，那么我就不会因为一家公司的业绩低于预期，就把股票卖掉。

我纠错的关键在于，公司有没有按照我最初想象的轨迹发展，如果没有，那么我就会纠错。所以，我的纠错机制看的并不是一个季度的业绩如何，也不是股价短期下跌了多少，而是公司发展的轨迹是否发生偏离。

我其实属于比较客观的人，会不断审视自己有没有犯错。我希望坚持那些正确的东西，对于错误要反思。通过一次次错误，我们才能不断提高投资的胜率。

相反，许多人会对小市值股票不够客观，认为小市值公司没有行业地位。事实上，A股有一大批市值在100亿元以下的公司，都是各行各业的龙头，有些行业排名第一，有些行业排名前三。市值小，并不等于没有行业地位。

## 构建成长股投资的复利

**朱昂：** A股上市公司数量越来越多，跟踪公司会不会耗费你很多精力？

**杨锐文：** 成长股的研究会有很强的复利效应。

过去我研究一家公司要花很多时间，但这几年随着自己研究能力的提高，以及对产业链认知的提高，研究公司的效率在大幅提升。由于对产业链的研究很深入，我知道某个变化会对产业链上下游什么样的公司有利。

而且，我经常通过上下游验证，去挖掘好的公司。有时候你去调研一家公司，它的供应商和客户会告诉你这是一家很优秀的公司，也能帮助你验证这家公司的能力。

对于公司的产品，它们的客户是最专业的。如果它们的客户觉得好，就说明产品真的很好。专业人士的判断，肯定比我更准确。

借助产业链上下游公司的互相验证，我能够对一家公司有更深入以及更加快速的研究能力。

当第一次研究对一家公司构建了信任之后，后面的跟踪不需要花费太多时间。我前面说过，不会基于公司的高频数据对其进行买卖。在认定了一个好的管理层团队后，我会长期持有。只需要观察公司的发展模式和此前的判断是否一致就行了。

**朱昂**：你将大量时间用于构建你对公司认知的阿尔法上面，从产业链的研究，到对于公司管理层的判断。

**杨锐文**：从海外经验来看，单一维度的投资框架很有可能被聪明贝塔被动化产品干掉。无论你的投资是基于 ROE，还是几个财务数据，甚至是将外资流入作为一个交易的结构（买入一批外资会买的股票），拉长时间看都会被被动化产品消灭。

在美国，没有哪一种单一指标能长期保持超额收益。有效的东西都会被快速复制。

我们对于产业链的理解，对于人的认知，是很难被复制的。虽然用这种方式做投资很累,但这个东西就好像是企业自主研发一样,能够构建一种长期、独特的壁垒。

有时候在投资上,大家希望把握一些长期的风口。我开头说了,一直在盐碱地里种庄稼,这是吃力不讨好。我还是想坚持自己的成长股投资框架,长期看可能比追随趋势和风口能持续更长时间。

虽然我头发都白了,但还是属于很年轻的基金经理,也是比较早就做了基金经理。我还是想保持自己许多理想化的行为。做投资,我不想违背我的初心。

## 通过行业分散抵御波动

**朱昂**:从你的投资组合看,在科技公司当中你好像比较偏好硬件类公司,软件类公司不太多,这是为什么?

**杨锐文**:许多我投的公司,表面上看是硬件类的,其实核心竞争力是软件。有些硬件类公司为什么有定价权?因为软件设计能力很强。有些芯片公司的核心竞争力也是软件。包括大家看到的苹果,其实也是一家软件基因强大的公司。

我很少买那种商业模式有点像工程模式、人力资源外包模式的软件类公司,这些公司并没有核心的竞争力。中国真正的软件应用类公司很多在海外上市,在 A 股的比较少。

**朱昂**:你一开始也说,成长股投错了可能会"粉身碎骨"。虽然夸张了一些,但成长股的波动确实比价值股大不少。你如何抵御组合的波动?

**杨锐文**：通过行业分散来抵御波动。我持仓股票的行业分散度比较高，我不希望自己的产品变成一只 TMT 基金。我并不会纯粹地投资科技成长行业，不同行业都会有一些。一方面，我很看重持有人的体验，不希望自己的基金变成一只高波动的基金；另一方面，我也不想自己在一个行业下注太重，这样我会睡不着觉的。

我也常常和持有基金的机构投资者说，如果我短期表现不好，那时往往是很好的买点。从历史上看，每一次都是如此。过去几年，我一般开年都比较差，后面往往越来越好。

## 投资理念与观点

▶ 我相信，我们未来一定不会在盐碱地里面种庄稼，成长股的投资土壤会变成沃土。

▶ 我们看到科创板六大领域几乎和《中国制造 2025》中的重点领域基本一致，这意味着科技创新对于中国未来经济转型有重大意义。

▶ 这一轮的科技创新企业，和上一轮的完全不同了。我们看科创板里面的科技企业，几乎都是一些讲硬科技的企业，而不是那种讲商业模式的企业。

▶ 在投资中，大家并不是无法发现价值，而是在风格不匹配的时候，大家难以忍受孤独。

▶ 公司的 ROE 是由人创造出来的，公司的人是 ROE 的源头。只有我们找到了本源，才能对公司产生信任，在波动中耐得住寂寞。

▶ 许多人会对小市值股票不够客观，认为小市值公司没有行业地位。事实上，A 股有一大批市值在 100 亿元以下的公司，都是各行各业的龙头。

- 从海外经验来看，单一维度的投资框架很有可能被聪明贝塔被动化产品干掉。
- 我们对于产业链的理解，对于人的认知，是很难被复制的。虽然用这种方式做投资很累，但这个东西就好像是企业自主研发一样，能够构建一种长期、独特的壁垒。

| 第3章 |

# 努力走在产业发展曲线前面

**访谈对象：曹晋**

**访谈时间：2019年12月23日**

我和曹晋第一次认识是在2012年，当时他刚做基金经理，我还是一家外资券商的机构销售，负责他们公司。那时候，我经常写一些中美行业对比，以及海外最前沿的互联网和科技应用，曹晋自然很关注我的邮件。记忆最深的是2013年，这是他基金经理投资生涯的第一个完整年度，那一年他取得了全市场前十的成绩，抓住并重仓了一只十倍股。可以说，他投资生涯的开局很不错。

后来，我们两个的职业都有一些变化，我离开了卖方，他换了一家基金公司。在这个过程中，也都有一些不顺。每次不顺的时候，我们都会给彼此打电话。我会特别记得"雪中送炭"的朋友，在自己不顺利的时候，甚至没什么"光环"的时候，依然有人关心你、帮助你，这是最真挚的友谊。显然，曹晋就是这样的一个朋友。

我们有许多相似点，这可能和我们有类似的成长经历有关。曹晋也是在比较小的时候出国念书的，他是从加拿大回来的，我是从美国回来的，都在北美，大家自然有许多共同话题。事实上，他读书的城市多伦多，从纽约一路向北开车六个小时就到了，只和纽约州隔着著名的尼亚加拉大瀑布。

在投资上，曹晋有着很强的好奇心，他特别看重对产业链方向的判断。他的投资一直在调研的路上，他一直在路上。他的人生沿着从海外留学到归国奋斗的这条路，本质上也沿着全球产业发展的大方向。

曹晋还有一个特点，他有着播音员一般的声音。记得前几个月他拍了一个投资视频，许多人不知道里面的旁白配音是他本人。他为人特别温和，从来不发脾气，大部分时间很安静、儒雅。和我一样，他也很喜欢看英文书。他一直给我推荐《赌金者》（*When Genius Failed*）⊖这本书。他说这是一本关于长期资本管理公司如何破产的书，他当时读的时候特别震惊，这样一个不可一世的"梦之队"组合，居然也能在一夜之间遭遇投资上的"滑铁卢"。这让他对于投资既充满热情，又特别敬畏。

---

⊖ 本书中文版已由机械工业出版社出版。

## 寻找产业发展的曲线

**朱昂：** 能否和我说说你是如何构建投资框架的？

**曹晋：** 我大学从金融系毕业后，最早是在海外做咨询工作，帮助一些大公司调研被收购的小公司。这份工作非常强调自下而上的财务分析，核心是对收购标的的价值判断。我们也会写管理层印象报告，管理层给投资者的印象很重要，很多财务分析报告用过后就被束之高阁了，但管理层印象报告是被反复读取多次的内容。

进入二级市场做研究员后，我发现财务数据更多是对公司现状的静态反映，财报背后是管理层的战略和执行力。一家公司有没有未来，管理层的能力很重要。许多公司没有发展起来，和管理层的战略眼光和执行力有很大关系。

再后来做数据整理时，我发现很多行业缺少第三方的行业高频数据，虽然也有一些第三方研究机构提供行业报告，但是数据比较老旧，而且数据样本过于单一。于是我拿出做咨询时候的经验：要了解一个行业的状况必须拿起电话和产业链的人交流，从中能理解产业目前处在一个什么样的周期位置。和产业链的人深度交流后，我感觉很多模糊的方向可以被交叉验证了。这几年我们研究公司，不仅和管理层沟通，也越来越依赖和产业里面具体做业务的人交叉验证。

在投资框架上，我最早紧扣财务分析，之后加入了对管理层的判断，再后面慢慢加入了对产业周期客观规律的理解。

如果说投资框架的变化，这几年最大的变化就是对产业自身周期变化的理解提升了。以前读书的时候比较局限在财务数据的线性外推，刚开始工作时比较看重人的能力和执行，做得久了之后，越来越尊重行业发展的客观周期和规律。

比如，和产业链里面具体做执行的人聊，能体会到管理层的执行力；和产业链里面的客户聊，能把握产品成功的概率有多高。我之前和一个产业链的厂长聊，发现他已经准备离职创业了，这说明这个行业确实很赚钱，但是同时进入门槛也比较低。也有一些产业链调研，让我发现产品需求很好，但是在交付过程中有各种各样的问题。

深入到产业链去研究，能真实感知这个产业的"温度"。我自己比较喜欢调研，过去几年自己主要的积累在于微观的理解，这帮助我提高了选股命中率。

**朱昂：** 能否举一个稍微具体的案例？

**曹晋：** 拿半导体行业的投资为案例吧。

2018年，大家对于半导体是比较乐观的，都认为半导体将迎来产业大发展。但是整个2018年都在中美贸易摩擦的阴影下度过，大家在恐惧中开始担心美国对中国半导体提高关税，会影响整个行业的利润率。

我在2018年底做了一次广深半导体企业的产业链调研，发现许多中小企业已经被迫退出了，只有龙头企业还在生产，而这些龙头企业的信心很强，认为中国半导体产业链的能力短时间是无法转移出去的。如果美国提高关税，会发生汇率贬值进行对冲。

我们发现，2019年上半年，这批公司获得收益的最大原因就是它们还存在，享受到了行业转暖以及国家的一些政策补贴。

再后来2019年5月华为被制裁，当时大家比较悲观，我通过产业链调研发现华为花了很大力气去扶持供应商，派自己的工程师帮助这些企业提高技术研发能力。这一次产业链调研的结论再次和大家普遍的共识不同。半导体行业的大周期也是从那时启动的。

到了 2019 年 3 月，我通过调研又看到了和市场共识不同的地方。当时的市场共识是，2020 年是 5G 建设和手机换机的元年，半导体行业的下游需求会非常好。但是当疫情出现后，许多 5G 基站的建设推迟了，5G 手机的销售也因为门店关门受到了影响，这个变化导致之前供需结构的剪刀差被抹平。正好当时半导体板块的估值也在高位，我对这个板块的看法就没有此前那么乐观了。

**创新的超额收益是最高的**

朱昂：也就是说，在有比较明显的产业趋势的时候，你的业绩往往比较好？

曹晋：我自己做了一个回顾，发现业绩表现比较好的时候，通常有比较明显的产业趋势。比如 2013 年的传媒行业趋势、2015 年的"互联网+"、2016 年的半导体、2017 年的白酒消费升级，以及 2019 年的电子产业。我能够取得超额收益，更多是因为把握了产业趋势，走到了产业趋势的前面。

亏钱的时候，也是缺乏产业趋势的时候。比如 2018 年，我希望能够自下而上挖掘个股机会，穿越宏观经济的周期。但是后来发现，在宏观大背景不利、产业趋势不明确的情况下，成功概率是比较小的。

朱昂：你认为自己这套成长股方法的长期超额收益的来源是什么？

**曹晋**：由于成长股的波动天然比较大，科技的变迁也比较快，我的投资方法是一条不太好走的道路，需要很高的绩效弹性对不确定性进行补偿。这里面超额收益的很大一部分来自我们对于行业和公司更加深入的认知。有时候我去调研上市公司，发现许多人对公司的认知停留在比较表面的程度，这时候我们能比较心安地赚到公司的钱。只有深入了解一家公司，才能长期持有，才能抓到大机会。

另外，在中国资本市场，创新能得到的超额收益是很高的，成长股选手就是需要不断找到创新的领域和企业。这需要我们比大部分人更加努力，多去调研，并且了解产业的变化。我认为持有人把钱交给我们，是为我们的勤勉付费。

**朱昂**：你最擅长的投资类型是什么？

**曹晋**：我喜欢去寻找在产业和技术周期中最受益的那类公司。在基本面已经变化不大、相对稳定的行业中，龙头公司会受益；在创新推动的行业中，一些技术领先或者行业战略布局比较早的公司会受益；在产品驱动的行业中，做高端产品、技术门槛比较高的公司会受益。

我的组合自下而上选股的成分比较高。我不太看重组合相对基准的跟踪误差，还是喜欢将优秀的公司选出来。

**朱昂**：你觉得怎样能赚到科技股的钱？

**曹晋**：赚科技股的钱，我自己觉得主要有三种思路。第一种就是创新，创新能带来最大的阿尔法。无论是创新的应用还是商业模式，某种程度上说都是有暴利的，在最初阶段都是供给创造需求。

第二种是进口替代，或者叫产能转移。这里面包含了中国的工程师红利以及中国企业的成本优势。而且中国人特别勤奋，对客户需求能快速反应，使得中国企业的全球份额越来越高。

第三种是国家扶持的方向。在国家战略性的投资之下，会出现一个巨大的产业群。我们看到在芯片设计、电子制造等领域都出现了一大批优秀的企业。

## 左侧买产业，不是买概念

**朱昂：** 看你过往的组合发现，你经常能够在底部挖掘到一些公司，这是怎么做到的？

**曹晋：** 确实有一些公司我是在偏底部买的，甚至我管理的产品是有些新公司最早的机构股东。这一点还是和产业链调研相关，我比较喜欢和产业里面的人沟通，去把握产业的变化。我自己经历了很多周期，认为所有的行业都有周期，我用周期的视角去看产业变化，并在其中找到有技术门槛和核心竞争力的公司。当行业景气度从底部起来的时候，这些公司的感知最深，也最受益。

我对于股价处在高位的公司，内心会有一些压力。我比较喜欢做一些偏左侧的投资。

**朱昂：** 但是左侧投资的压力挺大的，你怎么对抗压力？

**曹晋：** 左侧投资最大的压力是，当市场上涨的时候，你买的公司不涨。我相信业绩会证明一切，只要对公司的基本面有了深入研究，就不会有太大压力。我不会在底部买一只概念股，而会买一家真正有业绩的龙头公司。只要公司基本面很好，我拿着就不会有压力。

**朱昂**：除了挖掘底部的公司，你还比较善于挖掘一些新上市的公司，这个能否和我们讲讲？

**曹晋**：我觉得2019年的一些新上市公司都很有特点，特别是科技和医药行业的一些公司，质地都非常好，并且符合时代的未来。

不过这种机会需要市场给你。到了今天，市场情绪比较好了，后面新上市的公司就没有这种买入机会了。接下来马上要上市的公司，市场对其甚至已经理解得很充分了，而且预期非常高。总的来说，上市公司的质量变得越来越好了。

## 最大的风险是成长逻辑被破坏

**朱昂**：从持仓集中度看，你的集中度似乎比过去有所降低。

**曹晋**：这也是我过去几年一个比较大的变化。如果你看我刚做基金经理的2012~2013年，持股集中度是很高的。2018年之后，我的持股相对分散一些，不再像过去那么集中。我不仅会买龙头，还会买一个行业的前两名。各个行业的变化还是比较大的，不是拿一个龙头企业就躺赢了。比如医药里面的程序性细胞死亡蛋白-1（PD-1），已经出现一些新龙头向传统的龙头企业挑战了。成长股选手要不断找到变化，发现新的龙头企业。

我这么做的另一个原因是想控制回撤，降低自己的波动性。A股是一个阿尔法土壤很肥沃的市场，不像美国股市已经很难找到阿尔法了。在A股不需要那么集中持股，依然能取得不错的超额收益。

**朱昂**：不能拿着龙头股躺赢，这个观点很有趣，能否再展开讲讲？

**曹晋：**我是一个成长风格的基金经理，不是一个用龙头策略做投资的基金经理，我要找到不同时期具有成长性的公司。有一件事对我影响比较大：2012年我刚做基金经理的时候，许多人很喜欢某家电卖场的龙头公司，这家公司是那个年代的大牛股。

但是许多人忽视了当时已经崛起的电商，如果一直拿着旧经济公司，肯定会对组合有比较大的负面影响。这里说说我对投资风险的看法，我觉得控制风险的核心是，把握公司继续成长的逻辑。

公司的成长逻辑被打破，就是风险。如果成长逻辑没有被打破，我们就会持有。风险并不是市场波动，而是基本面的变化。比如我前面提到的半导体的例子，当我看到供需缺口出现变化的时候，就会选择进行相应的操作。

## 把握ROE向上的时代变迁

**朱昂：**你的成长股框架中很重要的部分来自找到ROE向上的投资机会，能否说说背后的逻辑？

**曹晋：**所有的行业都逃不脱周期，ROE的变化就代表着行业发展周期的变化。我们要找到行业ROE向上的那一段。比如电子，在2010年之后开始出现ROE向上的趋势，当时正值苹果手机推出，带动了行业的基本面向上。我们再看白酒，许多人认为白酒没有周期性，但是从ROE的走势看，白酒的周期性特征比较强。2003~2012年，白酒处于一轮ROE向上的阶段，到了2012~2015年，白酒的ROE出现了下滑——当时出现了白酒行业的去库存，还有打压三公消费和塑化剂事件。

2017年，我看到白酒行业的 ROE 又开始回升。当时自下而上做产业链调研，发现经销商已经开始提价了。有些高端白酒的批发价和市场价是倒挂的，要靠酒厂补贴经销商。在那个时候，市场价超过了批发价，经销商能赚更多的钱，也带动了 ROE 上升。

如何先于行业挖掘前瞻价值？我从产业周期的角度出发，从低库存、低产品价格、低产能利用率的三低状态先发现了细分板块价值。在供给端看到了底部信号，在需求端看到变化后，就能明白行业将触底回升。

**朱昂**：你的能力圈从科技向其他成长性行业拓展，除了降低波动以外，还有什么原因吗？

**曹晋**：一个很重要的原因是，我不希望净值的表现和某单一行业周期的关联度太高。每一个行业都有其上升和下降的阶段，如果我只做科技股，那么净值的表现就完全来自科技股的周期，在科技股趋势向下的时候，我就找不到投资机会了。

任何周期都有长短，长周期的品种我会一直持有，短周期的品种我可能就会做轮换。像半导体行业，从历史上看周期比较短。我会用客观规律看不同行业的周期，而不是沿着国家政策做投资。

通过能力圈的拓展，我的组合保持了行业周期的迭代，我也理解了更多成长行业，也就能找到当下处于 ROE 向上阶段的成长性行业。但是这并不意味着我会成为一个全市场都覆盖的基金经理，我一直对于旧经济关注比较少，更聚焦在新经济领域，专注在科技、消费、医药、新能源和制造业上。

**朱昂**：你怎么看估值？

**曹晋：**我是科班出身，学金融的，在大学里面就学过现金流折现（DCF）估值方法，也学过相对估值的方法。这几年市场上许多公司都出现了估值体系的变化，最明显的是美国的一批云服务公司，突破了之前传统的估值体系。

我认为估值是一个事后解释基本面向好的方法，历史上最好的一批公司，估值都是不断突破的。大家有市销率（PS）、市盈率（PE）、DCF、单位价值等不同类型的估值方法，最核心的是哪个估值方法能够最准确地描述公司发展的态势。我读大学的时候，有位教授跟我们说，一家公司的财报从上到下，包括收入、成本、利润等项目，都可以用来做估值。

我不会用估值框死一家公司，看一家公司要用动态的眼光，许多定性分析是不应该用估值来限制的。我更看重公司的成长逻辑，如果逻辑没有被破坏，我就会持有。

## 长期相信中国国运的海归

**朱昂：**你做了很多年基金经理，有什么突变点吗？

**曹晋：**没有特别的突变点，都是一个个细节的积累，给自己带来潜移默化的变化。我刚毕业的时候，对投资理解更加偏学院派，更看重财务数据。后来加入了对管理层的判断，再后来加入了对产业链的研究，发现不仅要了解CEO，更要去和下面做事的人交流。再到今天，我开始发现宏观也很重要，各个行业都有周期。

这几年还有一个比较大的变化是对风控越来越重视。我刚开始当基金经理的时候，认为创造收益是投资中最核心的环节。因为那个年代经济增长很快，许多公司的变化也很快，比如在 2013～2015 年的成长股牛市中，创造收益是很重要的。但是这几年宏观环境发生了比较大的变化，不确定性也越来越多，控制风险就变得更加重要。

朱昂：问一个关于个人的问题，你高中和大学都是在海外度过的，为什么当时选择回国？

曹晋：我大学毕业之后在海外工作，那时候正好是中国经济大发展的时候，大家讨论的都是中国。我的许多前辈和同事都选择回国发展。中国的高速发展让人激动不已。

当时中国正在融入世界的过程中，社会变得越来越开放，我们在国外发自内心地希望中国变大变强。事实上，回国这么多年也看到中国和全球发达国家的差距越来越小。我认为回国是一个非常正确的决定，我自己亲身参与了中国发展最伟大的一段历程，看到中国在许多领域已经超越了国外。在类似于外卖、打车、支付等许多地方，我们都做得比国外好很多。

朱昂：平时有什么爱好吗？

曹晋：平时除了投资，我还喜欢把自己从投资的环境中抽离出来，写一些东西。我之前还给起点中文网投过稿。

朱昂：有什么对你影响比较大的书吗？

曹晋：我在加拿大读书的时候，看过一本书 *When Genius Failed*，这本书讲的是长期资本资产管理公司最终失败的故事，一群 20 世纪 90 年代最顶尖的诺贝尔奖得主，却最终遇到了"黑天鹅"事件，成为投资行业关于风险控制教科书一般的案例。这本书我读过好几遍，每一次都激动不已。投资的世界，确实有各种各样的聪明人。但投资的游戏，从来不是比谁更聪明。这本书对我影响很大，我在之后做投资也比较看重风险控制。特别是2008年我在加拿大经历了金融危机之后，在自己的工作中切身体会到了金融海啸对每一个人的影响。

**朱昂：**如果不做基金经理，你会去做什么？

**曹晋：**如果不做基金经理，我会去做老师。我在多伦多大学读书的时候做过助教，给年轻的学生上课。我非常喜欢一部电影《美丽心灵》，讲的是经济学最伟大的教授之一约翰·纳什的故事。

老师是很好的职业，在国外只有两个职业是终身制的：老师和法官。

## 投资理念与观点

▶ 在投资框架上，我最早紧扣财务分析，之后加入了对管理层的判断，再后面慢慢加入了对产业周期客观规律的理解。

▶ 我自己比较喜欢调研，过去几年自己主要的积累在于微观的理解，这帮助我提高了选股命中率。

▶ 我自己经历了很多周期，认为所有的行业都有周期，我用周期的视角去看产业变化，并在其中找到有技术门槛和核心竞争力的公司。

▶ 风险并不是市场波动，而是基本面的变化。

▶ 左侧投资最大的压力是，当市场上涨的时候，你买的公司不涨。我相信业绩会证明一切，只要对公司的基本面有了深入研究，就不会有太大压力。我不会在底部买一只概念股，而会买一家真正有业绩的龙头公司。

- ▶ 所有的行业都逃不脱周期，ROE 的变化就代表着行业发展周期的变化。
- ▶ 如何先于行业挖掘前瞻价值？我从产业周期的角度出发，从低库存、低产品价格、低产能利用率的三低状态先发现了细分板块价值。
- ▶ 我一直对于旧经济关注比较少，更聚焦在新经济领域，专注在科技、消费、医药、新能源和制造业上。
- ▶ 我认为估值是一个事后解释基本面向好的方法，历史上最好的一批公司，估值都是不断突破的。

| 第4章 |

# 供需结构变化是产业投资的关键

访谈对象：刘格菘

访谈时间：2019年12月31日

A股历史上经常有业绩冠军"魔咒"：通常某一年股票型基金的冠军，到了下一年就会表现比较差。但是刘格菘打破了这个"魔咒"。作为2019年全市场股票型基金第一名，他在2020年业绩表现依然很好，而且彼时他管理的规模出现了很大增长。甚至在2021年的震荡市，他的业绩也不错，有8%~10%的正收益。

我和刘格菘的第一次访谈差不多是在2019年12月下旬，当时我就猜到他大概率是这一年的全市场第一，想着在2019年的最后一天，推送对当年冠军"新鲜出炉"的访谈。刘格菘人在北京，那一次访谈我们是通过电话进行的。他讲话言简意赅，没什么废话，对每一个问题都耐心回答，也不会拐弯抹角。即便没见到人，隔着电话也能感受到他的气场。

作为业绩冠军，总是有很多争议的。毫无疑问，成为业绩冠军肯定会有运气的成分，不仅要选到好股票，还要把握住正确的行业赛道，并且有相对极致的配置。事实上，我比较早就认识了刘格菘，身边有几个好朋友和他的关系很好，从不同的视角，也能看到他确实在不断进步。但他绝对不是那种"赌赛道"的年轻基金经理，而是有十几年经验的资深基金经理。他从五道口金融学院硕士毕业后，先在中国人民银行工作了三年半，入行看的第一个行业是金融地产。

所以，刘格菘也绝对不是那种入行就看TMT，只在自己熟悉的领域找个股的纯自下而上的选手。他的投资具备比较强的中观思维，这点和完全看公司或者看产业链方向的选手差异很大。

以前有个基金经理跟我说过，投资体系的提升，就是在每一次犯错的时候解决一个问题。刘格菘2013年就开始做基金经理了，早期表现非常好，之后遇到过挫折。在不顺的时候，他反思了自己的问题。所以这一次他拿到冠军，源于他优化后的投资体系。

这一篇访谈，我觉得价值很大，是他个人对过去十年投资框架的反思。虽然访谈写于2019年底，但多年后拿出来看，依然会有帮助。比较幸运的是，过去几年刘格菘已经完全在市场中证明了自己，2020年全市场第二的基金经理就来自他的团队。这也说明，2019年的冠军，即便有运气因素，但能力的成分更多。

## 七年打好基本功，研究体系覆盖周期、消费、科技

**朱昂：** 你进入证券行业的第一份工作是在中邮基金，据说看过地产和白酒，能否讲讲当时的情况？

**刘格菘：** 我的工作经历是从2006年开始的，当时从五道口金融学院毕业后，我在中国人民银行工作了三年半，工作主要是对自上而下的宏观数据的跟踪和研究。2010年我进入基金行业，在中邮基金负责金融和地产行业，它们属于偏周期的行业。地产作为同质化程度比较高的行业，受政策、行业层面景气度的影响非常大，比较适合我的专业背景。我当时对于行业的投资机会把握得不错，地产股几次政策放松的底部都抓住了。

2011年，我的研究领域增加了食品饮料行业，研究逐渐从宏观走向中观。虽然行业属性差别较大，但食品饮料也属于在细分领域股票同质化比较明显的行业。因此，我在这个阶段的研究积累主要来自行业层面。2012年8月，在塑化剂事件爆发之前，我基于渠道库存的变化以及政府限酒令看空了白酒行业。

回顾这个阶段，我觉得自己比较擅长做数据方面的研究，当时对宏观数据的跟踪和研究比较多，在行业数据变化和政策变化方面具有较多的积累，通过分析行业的景气度，自上而下地把握了一些机会。但那个阶段，市场中表现较好的是新兴行业的中小市值股票，我在宏观和中观方面的研究积累在当时的环境里面不太有用武之地。

**朱昂：** 你在2013年开始走上基金经理岗位，能否谈谈当时的经历？

**刘格菘：** 我是2013年8月开始做投资的，那年管理的是大基金

中的小组合，业绩还不错。2014年9月到了融通基金，开始管理融通领先成长。整个2013～2015年正好是移动互联网全面爆发的阶段，市场偏向创新成长，中小市值成长股的超额收益比较大。当时，我选择在与互联网相关的行业中进行投资，并且偏好那些能通过持续并购把自己做大做强的公司。从2013年到2015年上半年，我取得了还不错的投资业绩。

其实从求学阶段开始，我就一直密切关注互联网、科技行业的发展，对成长股的理解不断深入。记得我刚上本科时，PC互联网刚刚兴起。后来，3G进入正式商业应用期，带来宽带的跨越式发展。伴随3G、4G技术和智能手机技术的蓬勃发展，智能手机出货量出现爆发式增长。作为智能手机的代表性企业，苹果公司收入及利润快速增长，并充分带动智能手机产业链中的诸多公司共享行业成长红利。过去在科技方面下的功夫比较多，这让我对科技行业的中长期成长性、合理定价有自己的理解。

## 重构投资体系：尊重市场规律，重视行业配置

**朱昂：** 2015年下半年至2016年，市场波动很大，你的组合也遇到比较大的回撤，这段经历对你后来的投资体系是否有影响？

**刘格菘：** 确实，2015年下半年至2016年上半年，我管理的组合业绩表现不好，当时风格已经发生变化，但我固守自己原来的风格，路径依赖比较严重，没有看到市场的变化。2016年，我对自己的投资体系进行了深入的思考。

一是对2013～2015年的投资进行了总结和分析。回顾这一阶段

的投资，我在研究上转向微观领域，重个股、轻行业，自我的东西比较多，投资体系不够开放，组合贡献更多来自个股，而不是行业配置。这种组合有太多自下而上的东西，在市场风格没有明显变化的阶段（2013～2015 年以成长为主的阶段）看不出太大的瑕疵，但路径依赖一旦形成，对组合就有执念，在市场风格变化的过程中业绩就会大起大落。

二是我将自己的方法论和过去 A 股表现最好、最差的行业进行了复盘。我发现，行业供需结构突然发生变化，是行业配置阿尔法最重要的源泉。而这类行业往往也是市场中效率最高、认可度最高的行业。例如 2012 年的安防、2015 年上半年的互联网金融、2016 年周期股中的化工和水泥，它们的共同点是新的需求边际变化导致行业预期快速提升，或者供给快速收缩、需求平稳导致需求集中，行业基本面逻辑清晰，需求爆发的持续性和周期性比较明显，是值得中长期重点配置的赛道。

**朱昂：** 从组合持仓看，2017 年你的风格开始转型，配置了一些龙头白马股，当时你的投资体系是否已经开始调整？

**刘格菘：** 在 2016 年的那轮反思中，我对 A 股的历史表现进行了复盘，有些投资赚宏观的钱，如周期复苏、供给侧结构性改革；有些投资赚估值的钱，如互联网、新兴行业；有些投资赚业绩的钱，慢就是快。条条大路通罗马，哪类风格会在未来一段时间占优，是市场的规律，不同阶段有不同的标准。

至于基金经理的组合到底配置哪类资产，取决于基金经理对于市场的理解以及自身的能力圈。根据自己的能力读懂市场的规律，并根据市场的变化动态调整自己的组合，这就是尊重市场。结合我的经历和积累，我觉得要从自下而上的选股中跳出来，要多从行业比较层面去思考，把未来几年最好的行业找出来。2017年之后，我的风格就发生了明显的变化，我会更加重视行业配置，纯自下而上选出来的个股占比逐渐降低。

2019年大家看到科技表现比较好，觉得我是运气好、赌对了，但其实我在2018年就开始重仓科技了。在2018年半年报中，我明确提到重配半导体、电动车、新能源等成长性行业。但没想到的是，当年下半年，市场情绪非常悲观，科技类资产表现比较差。2019年组合表现比较好，超额收益主要是行业配置阿尔法，我把行业中最好的公司挑到了。

## 中观击水：选出最有机会的两三个赛道

**朱昂**：你刚才提到自己从行业比较层面找机会，能否简单谈谈你如何做行业研究？

**刘格菘**：我自己有一个行业比较框架，是涵盖宏观、中观、微观的研究模型。A股有28个行业，我把这些行业分成三大类。第一类是周期行业，如金融、地产、基础化工、有色建材等，它们受宏观经济、产业政策、行业供需影响非常大，需要跟踪很多数据，包括月度、周度的高频数据，对这类行业的研究属于偏宏观层面的数据驱动研究。

第二类是大消费行业，这类行业的特征是供需格局比较稳定，需求相对稳定。行业景气度是驱动行业需求的主要原因，宏观政策对行业需求的影响偏弱一些，周期会长一些。对这类行业的研究是偏中观层面的行业景气度研究。

第三类是科技行业，如计算机、电子、通信、传媒、军工、创新药等，对科技行业的研究需要渗透到行业里面。一是因为科技方向的细分行业比较多，计算机有硬件、软件，电子有印制电路板（PCB）、半导体、设备，不同子行业之间的表现差异比较大，子行业内部不同公司的收入、利润情况等也会有差异。二是这类行业受宏观政策的影响比较大，但同时也是供给创造需求的行业，需要把里面各个行业的产业趋势、供给格局抠得更细一些。

这个框架的作用在哪儿？从需求角度看，宏观因素对周期行业影响大，中观景气度对大消费行业影响大，政策和产业趋势对科技行业影响大。我的行业比较框架，从宏观数据跟踪到中观景气度变化，再到政策和产业趋势的判断，把行业大的景气度、周期联系起来了，是这么一个过程。

**朱昂：** 从投资体系来看，有些基金经理擅长自上而下配置，有些精于在某些赛道中自下而上选个股，你比较擅长的是行业中观比较，选出最有机会的行业。如何才能找出最好的行业？

**刘格菘：** 这与每一位基金经理过去的积累和能力圈有关系。做行业比较的前提是对每个行业都比较熟悉。我刚入行时，一开始对每个行业都要掌握研究方法，包括行业格局、龙头公司的利润空间和利润水平、趋势、公司竞争壁垒，每个行业都要深入研究，在此基础上才会对行业的新变化比较敏感。反过来说，一个新接触的行业如果发生变化，由于没有认知，对于这种变化就不会敏感。研究是一个厚积薄发的过程。

正如前面谈到的，我入行做行业研究时看的是地产，这是周期之母，关系到宏观政策，是一个非常有代表性的周期行业。后来，我又看了食品饮料，这是一个非常好的大消费行业，里面有品牌、有渠道，需要评估如何在量价之间取得平衡。这两个行业是非常典型的周期行业和大消费行业，而且是特别好的两个行业，ROE较高，有长期成长性。2013~2015年，我转做投资，刚好经历了2G、3G、4G的发展进程，感受到很多科技的变化，对科技成长股的投资有比较多的思考。

经过这些年的积累，我在科技、消费、周期三类资产上都有研究基础，体系上没有短板。以这些为基础，我在2016年调整投资体系时，可以顺利进入行业比较层面，从中观入手进行行业比较。2017~2019年，我采用这套投资体系，不断观察和比较行业变化、政策变化，心里面对每个行业的趋势都有了一些见解，对供需格局变化比较大的行业比较敏感。

**朱昂**：你是经济学博士，这个教育背景是不是对你把握自上而下的趋势有很大帮助？

**刘格菘**：我自己觉得单纯看自下而上的东西，可能容易陷入自己组合的结构中，因为你和产品还是要贴近市场，最好的策略应该是被市场认可的策略。现在宏观经济处于稳定增长阶段，单纯自下而上选股可能会有一些问题。很多人选股的时候，会觉得一家公司成长性不错，不管行业的产业趋势如何，都愿意配比较重的比例，这是自下而上的观点。后来我发现一个问题，有一些公司当时买的时候估值还比较合理，买完之后业绩确实也增长了，但最后的问题是估值下降了。这种资产没有给你带来很好的预期收益。

我也在研究这方面的课题，思考估值变化的源泉到底是什么，这是比较关键的。初步的结论是，估值变化跟产业趋势有关系。其实最好的组合不赚公司成长的钱，而赚产业趋势的钱，只有在产业趋势快速兑现的时候，龙头公司的业绩和估值才会双升，带来戴维斯双击。

如果不看行业趋势，单纯看公司业绩增长，会发现有些公司业绩增长比较确定，比如一些地产龙头公司的业绩增速在20%以上。但是为什么买入这些公司不赚钱？因为估值从原来的十倍下降到了现在的六七倍甚至四倍。

估值的变化跟宏观的产业结构有密切联系，大家基于宏观预期大概能判断哪些行业有未来，大家不愿意给所在产业处于下行趋势的公司高估值。就算短期的业绩非常漂亮，只要行业在走下坡路，就很难把握这类公司的估值水平多少是合适的。从这个角度来看，找产业变化非常符合产业未来趋势的方向，在这个过程中，可以抓住符合宏观趋势的牛股。

### 严格按照产业趋势，不会永远投科技

**朱昂**：过去几年，你重仓的品种似乎一直在变化，如2017年是食品饮料、消费电子、周期，2019年是科技、生物医药，在此期间你的框架和理念是否有变化？

**刘格菘**：投资框架没有变化，投资理念也没有变，但投资配置的资产在不同阶段会变。因为在不同经济周期、不同市场阶段，哪些资产最受益，这个是变化的，比如某个阶段消费类资产是效率资产，某个阶段周期类资产是效率资产。我一直认为投资框架是不变的，但按

照这个框架选出来的资产是动态变化的。

例如，2017年到2018年上半年，我的组合主要配置白酒、家电、消费电子。那个阶段，消费升级推动白马龙头的盈利超预期上行，成长性最好的板块就是白马龙头。2019年我重点配置科技，也是因为看到科技行业在需求领域出现显著变化，行业景气度提升，消费增速提升，产业链上下游公司需求出现爆发式增长。在2019年涨得比较多的科技龙头公司中，我们可以清晰地看到公司盈利超预期，在它们身上也能看到产业链的变化。

**朱昂：**前面你提到自己严格按照产业趋势投资，不带个人感情色彩，为什么这么说？

**刘格菘：**这与我在2015~2016年的那一段经历有关。2016年，市场风格转换，我的组合还是以配置科技类的互联网、传媒为主，没有看到市场的变化。后来，我在反省时体会到，不变的应该是框架，变化的是框架下面不同的资产，因为产业趋势在变。

我公司的一位领导曾经说过："研究行业和公司，内心要像平静的湖面，平静的湖面才能反映出真实的倒影，如果内心波澜起伏，就不能做出正确的判断。"这跟我前面所说的不带感情色彩，其实是一个意思。

行业比较一定要多聚焦产业趋势的变化，很多有阿尔法的投资机会都来自行业配置，而行业配置要基于产业趋势变化带来的盈利趋势变化。我一直在市场中找相对业绩增速比较快的资产，我喜欢做这种选择。因此，虽然我的组合现在重仓科技，但我的眼睛不会只盯着科技，我还是会不断地比较行业和产业之间的变化，找其他资产的机会。我的组合未来不会只投科技，只是这个阶段从业绩出发，科技是增长最确定的资产，所以这个阶段配置科技。

## 超额收益来自行业配置，管理规模的天花板会更高

**朱昂：** 从公开数据看，2019年你管理的基金规模明显增加，这对你的投资业绩是否会有影响？

**刘格菘：** 我觉得主动管理的阿尔法有两种：一种是行业中性的，依靠精选个股战胜指数，跑赢基准，建立阿尔法；另一种是做行业配置的阿尔法，是非行业中性的，通过对产业链的深入调研，找到需求扩张的行业，理论上管理规模的天花板会更高，毕竟行业的体量比个股要大。

我管理的基金2019年获得了较高的阿尔法，其来源不是行业中性，而是扩张阶段的行业，获取的是行业配置上的阿尔法。只要你对产业趋势判断正确，选出来的公司业绩符合你的预期，理论上是可以赚到这种阿尔法的，它跟管理规模没有太直接的关系。做行业配置，规模的上限也可以高一点。

**朱昂：** 当前阶段你重配科技，但科技资产的股价天然波动比较大，你如何控制组合的波动？

**刘格菘：** 在我的组合中主要有两类资产：第一类是稳定成长的核心资产，例如消费、医药等供需格局稳定的行业；第二类是效率资产，也就是供需格局发生变化的资产，以科技行业为代表，自主可控方面具备非常明显的供需格局变化特征。表面上看，似乎是中美贸易摩擦导致了产业链向中国转移，背后深层次的原因是中国产业发展到了这个阶段，整个产业发展的进程出现了加速。

我会在效率资产和核心资产之间动态调整配比。如果效率资产总体处在比较好的位置，未来业绩增长的趋势比较确定，自己的把握比

较高，效率资产的比重就会高一些；如果市场短期过热或者股票涨幅超过潜在的业绩增长空间，出现泡沫化阶段，就要警惕，降低效率资产的持仓比例。不过，在科技板块中也并不全是效率资产，供需格局稳定的行业，如计算机、IDC，属于核心资产；供需格局变化的资产，如芯片设计，属于效率资产。

盘点2019年，我的组合在上半年主要配置医药生物、光伏、电子等行业，核心资产占比较高。7月，我通过深入的产业调研，预判电子行业进入上行周期。龙头公司的业绩二季度大幅超预期，于是我对组合结构做了调整，增加了电子的配置。市场很有效，三季度电子、计算机等科技资产表现比较强，龙头公司的股价涨得比较多。

**朱昂**：2019年你管理的产品获得冠军，哪些方面做得还不错？有哪些感受和心得？

**刘格菘**：运气好，调研比较深入，知行合一。7月份，我对于电子行业的微观数据、产业链数据掌握得比较深入，判断对了电子的产业趋势。在此基础上，坚持知行合一，组合重点配置电子行业，把握住了趋势机会。

2019年是我步入证券行业的第11年，是做投资的第七个年头。我的研究框架比较开放，我还喜欢总结方法论方面的东西，不断复盘，用自己的方法论和以前市场最好的板块、最差的板块进行比较、总结，个人的学习能力比较强。2019年，我在方法论层面有一些新的突破，所以在选赛道、抓龙头公司与板块方面还不错。

总结这些年的心得，我觉得投资是不断学习、完善自己框架的过程。做投资就是要不断学习新的东西、掌握新的东西，然后不断打破这些东西。有新的东西进来，这是一个开放的框架。不拘泥于自己原来的东西，不断打破自己的路径依赖。如果一个资产赚得比较多，要想一想到底收益来自行业红利还是自己的投资能力。

陈光明有一句话讲得非常好，做投资只有八个字：战战兢兢，如履薄冰。可能对每个人都是如此，自己的组合要不断有新东西，自己要不断思考有哪些更好的板块、可替代性板块，这是一个动态的过程，也是不断学习和提高的过程。我相信自己以后应该还会有提高。当然，前提是要不断向市场学习，向优秀的同行学习，总结一些东西。

## 投资理念与观点

▶ 行业供需结构突然发生变化，是行业配置阿尔法最重要的源泉。

▶ 我会更加重视行业配置，纯自下而上选出来的个股占比逐渐降低。

▶ 估值变化跟产业趋势有关系。

▶ 在不同经济周期、不同市场阶段，哪些资产最受益，这个是变化的。

▶ 我管理的基金 2019 年获得了较高的阿尔法，其来源不是行业中性，而是扩张阶段的行业，获取的是行业配置上的阿尔法。

▶ 做投资就是要不断学习新的东西、掌握新的东西，然后不断打破这些东西。有新的东西进来，这是一个开放的框架。

| 第 5 章 |

# 逆向左侧投资也能带来超额收益

**访谈对象：陆彬**

**访谈日期：2020 年 3 月 4 日**

2015 年初，我和一个基金经理在陆家嘴国金中心楼下的 Costa 咖啡店见面，这家咖啡店是陆家嘴基金经理经常喝咖啡的地方，以至于后来这家店倒闭的时候，有一个文采特别好的基金经理还写了一篇火遍我们行业的文章《论寇斯塔的倒闭》。

当时，和我喝咖啡的基金经理下楼的时候，还带着一个他们公司的实习生一起来学习，这个实习生就是陆彬。那是我们第一次见面，聊得不多，只是加了微信。我对他的第一印象是，这是一个长相憨厚可爱的大男孩。陆彬很爱笑，为人也比较随和，即便多年后他成了新能源产业投资的大佬，也依然保持着当年大男孩的气质。

再一次见面是在一个朋友的婚礼上，这个朋友是陆彬的前同事。那次我正好和他们基金公司的好几位基金经理坐在一桌。那一年，陆彬还没开始管理基金，依然保持着当年的谦逊。那次吃饭，我旁边是当时已经成为顶流基金经理的丘栋荣，一个晚上我们俩都在讨论价值投资的体系。婚礼快结束的时候，陆彬专门过来和我打了一个招呼，能感受到他是一个对人真诚、情商也比较高的人。

2020年访谈的时候我们聊了很多，我直到访谈之前才知道陆彬工作有多勤奋。他每天早上五点多就起床，六点不到就在公司看报告了，风雨无阻。他没什么特别的爱好，除了在家里带带孩子，就是研究和投资。他最受不了的就是放长假，市场休市一周多，突然感觉没什么可干的。他身边的朋友曾经跟我说，春节放假的时候陆彬还想着做一次直播，而其他同事可是都想着放假休息。

陆彬是真的希望为老百姓理财，把普通人的钱管理好。他曾跟我说："要把客户的每一分本金像妈妈的退休金一样对待。"他特别能理解普通持有人的心情，一旦亏损自然会有情绪，所以他希望把持有人的钱都管好。他曾经和我说，这辈子都不会"公奔私"做私募，服务普通老百姓的意义要大于服务有钱人。他还强调，自己是摸着良心在工作的。

陆彬非常愿意沟通，无论市场涨跌，他都愿意把自己的想法分享给投资者。从2020年初至今，他写了12封信，差不多每一两个月就会写信。作为基金经理，他直播的频次也很多，而且每次讲的东西都不重复。

我很高兴一路看着陆彬成长起来，从基金公司的实习生，变成2020年股票型基金的冠军。而且他还很年轻，才30岁出头，未来有着巨大的潜力。

## 逆向 + 成长的投资风格

**朱昂：能否先聊聊你是怎么看待投资的？**

**陆彬：**先说我的投资风格，有三个关键词：逆向、成长、交易。

在具体的投资方法上，我比较灵活，不会把自己固定在某一个方面，至少目前不会。在投资方向上，我喜欢两个方向：第一是成长股方向，可能科技成长股偏多一些。我喜欢行业渗透率提高带来的投资机会。第二是周期股，这一点和一般投科技成长股的基金经理不同。科技成长和周期我都比较喜欢。

这和我过去研究的行业有关。我在做研究员的时候，看了许多行业，大部分在中游制造业，比如电力设备、新能源、机械、环保、军工、有色、化工和石化。我在正式入职之前做了两年实习生，那时我是看化工的。化工这个行业里面的细分子行业很多，有周期股也有成长股，这也让我在投资上比较全面。

我对待投资有几点看法：

第一，我非常尊重市场，从来不觉得市场应该怎样。要保持对市场的敬畏以及对事实的尊重。我觉得市场永远是对的。

第二，我从来不觉得自己比别人知道得更多、更聪明。我永远以一个比较低的姿态去做投研。我自己能够做到的只有更加勤奋。

第三，作为一个基金经理，坚守专业的良心很重要。我想通过自己的专业能力，真正为客户赚到钱。我觉得，比个人的考核、业绩排名、换手率等指标更重要的，是每一笔投资最终能否给客户创造价值。

**朱昂：能否谈谈在做投资的时候，你如何运用公司的投资体系？**

**陆彬：** 我们公司一直以"PB-ROE 模型"以及"可视化组合管理系统"为投资体系的核心。"PB-ROE 模型"能够帮我更有效地发现投资机会，用同一种投资语言分析和沟通。"可视化组合管理系统"弥补了我作为自下而上研究出身的基金经理在组合管理方面的不足，更高效和清晰地帮我明确组合结构、风险暴露等特征。

大部分人觉得低换手就是价值投资，高换手就是投机，其实我更看重行为决策背后的实质。我做交易，不是拿持有人的钱在投机。我希望帮助持有人控制回撤，带来风险收益比较好的回报。我是真的像珍惜妈妈的退休金那样对待客户的每一分本金。

我对零售客户路演和对机构客户路演，态度上是没有区分的。只要我时间排得开，哪怕零售网点只有一个客户，我都会去。我们基金经理的职责，是要给普通老百姓的财富增值保值。

**朱昂：作为一个基金经理中的新人，你一开始做投资就取得了非常不错的业绩，你觉得背后的原因是什么？**

**陆彬：** 这背后很大的原因是运气。我其实很感恩，自己一路走来运气都特别好。我过去四五年看的行业当时比较差一些，研究这些行业又苦又累。像机械、化工这种行业，一个行业里面有几十个细分子行业，研究起来很辛苦。但是，通过看这些行业，我变得比较全面。我在看中游制造业的时候，会把上下游都研究清楚。像是电子、半导体、食品饮料甚至医药，我都能理解它们的商业模式。过去辛苦的研究，都对我今天做投资很有帮助。

等我做投资的时候，我过去研究的新能源行业迎来了比较大的投资机会，正好匹配我的能力圈。过去在研究上的积累，在做了基金经理之后能够马上运用，帮助我一上手业绩就还不错。我真心觉得新能源这个方向，迎来的是一次巨大的投资机会。

所以我说自己运气好，一个是看的行业对提高自己很有帮助，另一个是做投资的时候，正好进入能力圈范围。

## 新能源行业：时代赋予的大机会

**朱昂**：那我们就直接进入新能源行业这个话题。目前市场对于新能源的关注度很高，作为这方面的专家，能否谈谈你的观点？

**陆彬**：我觉得新能源行业的投资机会，是一次时代赋予的大机会。从过去的工业化进程和人类发展来看，每一次大的进步都有能源变化。从最早的植物能源，到后来的化石能源，再到今天的新能源。从这个位置往后看 10～20 年，今天的新能源可能不再是"新"能源，而是大家认为的能源。

我认为 2020 年是新能源汽车和光伏行业的元年。先说新能源汽车，我们看到行业从过去依靠政府补贴，变成了消费驱动。我做研究员的时候，新能源汽车的技术路径很多，有纯电动、混动、燃料电池驱动等，产品力不强，成本也不够低。今天，我们看到新能源汽车通过快速的技术进步，无论是安全性、低温性能还是能量密度，都大幅提高。能量密度提高，意味着续航里程大幅增长。成本也大幅下降，锂电池单位成本从几年前的 3 元 /Wh 下降到了 1 元 /Wh，未来两年可能会到 0.6 元 /Wh。

结果就是，我们看到了又好又便宜的新能源汽车，比如特斯拉 Model 3。我应该是上海投研圈里面第一批买国产特斯拉 Model 3 的人。

**朱昂：** 当时怎么会想到去买特斯拉 Model 3 呢？

**陆彬：** 主要从投资角度出发，我想真正作为用户全方位体验一下到底好不好。从 2019 年 9 月开始，我把整个特斯拉产业链跑了一遍，从材料到体验店的整车。然后又作为第一批用户，预定购买了国产特斯拉。包括怎么装充电桩、怎么开高速、怎么充电等，从头到尾体验了一下。

这让我对新能源汽车行业充满信心，这一次新能源汽车的产品渗透，会和当年 iPhone 4 手机带来的智能手机发展类似。开过新能源汽车，就不会再去开燃油车了，这是一个客观事实。通过这个过程，我确认了产业趋势的基本面。

**朱昂：** 所以你通过 360 度全方位的调研，发现新能源汽车的渗透率将大幅提高？

**陆彬：** 从销售量的角度看，全球新能源汽车的销售量可能会从 2019 年的 200 万辆，增长到 2025 年的 2000 万辆。这个数据不是拍脑袋拍出来的，而是汇总全球各国的政策目标，以及各大汽车厂商自己公布的发展规划得出的结论。根据我国新能源汽车的产业政策发展目标，2025 年我国新能源汽车的销售量要占到全部汽车销售量的 25%。

全球传统汽车巨头大众的 CEO 已经明确公开表示，燃油车的时代已经结束了。他们已经在思考如何避免成为汽车行业的诺基亚。

从历史上的科技变革看，从 0 到 1 可能会花比较漫长的时间，但是从 1 到 10 的速度很快。渗透率在突破 10% 之后，是会加速的，这一点会和智能手机的普及类似。

## 新能源汽车依靠产品力渗透

**朱昂**：你认为新能源汽车会全面替代传统燃油车的原因是什么？

**陆彬**：由于新能源汽车的商业模式从过去依靠政府补贴，变成了由最终消费者买单的产品力驱动模式，新能源汽车渗透率的加速一定会基于产品的体验。

首先，开新能源汽车的体验非常好。我认识的人体验过新能源汽车就不会再买燃油车了。我买了特斯拉之后，我太太现在开得比我都多，因为她也感觉到产品体验很好。

其次，更低的成本。这个成本包括整车购买成本以及之后的维护成本。我调研了许多豪华车，发现 30 多万元的特斯拉有很强的竞争力，性价比极高。而且新能源汽车的充电成本很低，也没有 4S 店的维护成本。购买后的使用成本比传统燃油车低很多。

另外，我们去特斯拉体验店，发现体验店给人的感觉和苹果专卖店类似。你的购物体验很好，没有人会刻意向你销售产品。

**朱昂**：目前新能源汽车的公共充电桩还不是特别多，这个会不会成为制约新能源汽车发展的瓶颈？

**陆彬**：目前充电桩最大的问题在于，远程路途中需要充电桩，城市里面需要充电桩。

远程路途中充电时间过长的问题，目前已经有公司在研究解决方案了，未来有望大幅缩短充电时间，可以在高速公路上实现快速充电。这也可以解决城市中的问题，有的车主家里没有停车位，需要用公共充电桩充电，这会变得很便捷。这涉及一个商业模式的问题，核心点在于一度电多少钱。市场有这样的需求，就一定会有人愿意提供这样的服务。甚至未来有可能出现今天的手机共享充电宝模式。

伴随着电池能量密度的提升，新能源汽车的续航里程大幅增加，也间接解决了充电的需求。几年前一辆新能源汽车的续航里程有200多公里就很牛了，现在一辆新能源汽车的续航里程可以到400公里，可能过两三年，会出现1000公里续航里程的新能源汽车。

## 光伏进步的速度会超过我们的预期

**朱昂：** 新能源里面除了电动车，你还很看好光伏，能谈谈背后的原因吗？

**陆彬：** 光伏和新能源汽车有一点不同，它的商业模式是 To B[⊖]的。太阳能要放量，需要提高转化效率，依靠技术进步实现成本的大幅下降。

通过我看光伏的经验，在硅料、硅片、电池片和光伏组件等环节，技术进步带来成本下降是这个行业永恒的主题，行业发展永远会遵守事物本该有的状态，过程中的某些波动和曲折只会改变节奏，但绝对改变不了方向和趋势。从历史上几次光伏技术变革来看，我认为光伏技术的变革总是比我们想象的速度要快得多。

目前来看，我国的光伏度电成本从0.3元多到0.4元多不等，但

---

⊖ 面向企业。

在海外很多优质的地方都到 0.2 元了——这是什么概念？相当于能在全球大部分地区代替其他发电。我国水利资源很丰富，煤炭产量也很多，电网传输能力是世界最强之一。这导致我国的整个电力成本从全球来看是偏低的。但目前光伏的这个价格，在我国也已经有很强的竞争力了。

在其他国家和地区，包括非洲、南美洲、东南亚的发展中国家，随着工业的普及，当地居民的用电需求增速远比我国高。但由于没有我国那么好的资源禀赋，太阳能发电就会成为更经济和环保的发电模式。

全球的水电站、火电站需求在上升，太阳能未来肯定会成为占比很大的能源。另外，新一轮光伏技术有望进一步大大降低成本，需求又将被引燃了。所以光伏行业是有大机会的。

## 逆向寻找非共识的机会

**朱昂**：你曾经提到你的投资风格有一定的逆向，逆向意味着发现不同于市场共识的机会，这个能否举一两个例子？

**陆彬**：通过我在管理产品的定期报告里披露的前十大重仓股可以看到，在 2019 年三季度末，我可能是市场上最早重仓配置新能源汽车的基金经理。当时没有人看好新能源汽车，一些新能源汽车主题基金甚至会配置消费或者 TMT 行业。我为什么敢在那个时候买新能源汽车？

第一，我发现行业的空间和趋势没有问题，而且还在加强。技术进步了，成本更低了，行业趋势更明确了。2017 年敢投资新能源汽车，为什么 2019 年三季度就不敢买了？前面提到，当时我自己也买了特斯拉，把新能源汽车产业链都跑了一遍，结论是非常有信心。

第二，我发现四季度新能源汽车销量会很差。大部分人会先把股票卖了，等销量起来再买回来。但是我过去做研究员的经验教训告诉我，长期空间没问题，这些优质企业经历短暂调整还会创新高。比如2018年的"531新政"，太阳能板块的龙头企业在调整之后，股价都回来了。

第三，当时这一批企业的估值较低。

结合这几个因素，我选择了在那个时候重仓新能源汽车。我喜欢做一些逆向投资，这和我的性格有关。那时候我不慌乱，内心觉得很舒服。反而当大家都很热情，都在讨论一个机会的时候，我的内心会觉得不踏实。

**朱昂**：你非常看好新能源这个方向，会不会长期持有里面的优质公司，拿着不动？

**陆彬**：不会拿着不动，我会不断动态调整。我就像一个天平，基本面是天平的左边，估值是天平的右边。我会尊重基本面的趋势、公司的质地、行业的竞争格局，也会时刻比较，看估值是不是过度反应了。

我永远在找那只10倍股，但我并不会一直拿着一家公司，等它涨10倍。10倍可能需要10年时间。我会一直动态调整，如果我找到了下一个更好的标的，有可能涨了一倍我就走了。

## 投资界的"发烧友"

**朱昂**：听说你是大家认识的最勤奋的基金经理之一？

**陆彬**：我们这个行业的从业者，大部分都热爱投研，但我觉得自已算"发烧友"。我除了投资,几乎没有什么其他兴趣爱好。每天工作 16 个小时,每周工作七天。我每天早上五六点就到公司,一天除了吃饭、睡觉就是在做研究。周末空下来,不做研究,我还真不知道做什么好。

研究成长行业其实是比较苦的。行业的变化非常快,有许多新知识要学习。不像研究一个稳定增长的行业,可以享受认知的复利。做成长股投资,需要投入大量的时间。好在我家人对我比较支持,我自己也非常享受投研带来的快乐。

**朱昂:** 对于你现在自己管理的基金,你的管理宗旨跟想法是什么?

**陆彬:** 我管理基金,用一句话说,就是一直坚守专业的良心干活。这里面有两个关键词:专业、良心。专业刚才讨论过,我觉得投资方法、对行业的理解和学习,都是我们机构投资者理应具备的。良心这个词可能比较虚,但是金融市场里面各种诱惑很多,我做任何事情都摸着良心去做。所以,在面对客户的时候,我很坦荡。我也会犯错,业绩也会不好,但是我很努力、用心、专业地去管理好客户的资产。

## 投资理念与观点

▶ 我的投资风格,有三个关键词:逆向、成长、交易。

▶ 我非常尊重市场,从来不觉得市场应该怎样。

▶ 作为一个基金经理,坚守专业的良心很重要。

- ▶ 像珍惜妈妈的退休金那样对待客户的每一分本金。

- ▶ 新能源行业的投资机会，是一次时代赋予的大机会。

- ▶ 这一次新能源汽车的产品渗透，会和当年 iPhone 4 手机带来的智能手机发展类似。

- ▶ 光伏技术的变革总是比我们想象的速度要快得多。

- ▶ 从这个位置往后看 10~20 年，今天的新能源可能不再是"新"能源，而是大家认为的能源。

| 第6章 |

# 寻找基本面和市场共振的成长股

访谈对象：崔莹

访谈日期：2020年3月11日

    过去几年，崔莹拿了好几次各类评选的基金经理大奖，包括行业"奥斯卡"金牛奖。他是在2015年6月成长股牛市的高点开始管理基金产品的。之后连续几年都是成长股的"至暗时刻"，TMT板块是2016～2018年连续三年市场最熊的五个大板块之一。这也让崔莹的长期业绩有更足的含金量和说服力。

    我和崔莹认识的时间挺长，但私交不算很多，不过他有一句话说到我心坎里了。他建议我去做中国的杰克·施瓦格。杰克·施瓦格写了"金融怪杰"系列，用了几十年时间记录了不同风格的对冲基金经理（和交易员）。有些人今天已经是大佬了（比如说桥水基金的瑞·达利欧），也有一些低调的牛人（比如说爱德华·索普，他的书我基本都看了），还有不少人的公司破产倒闭了。这一系列书对于做投资的人产生了很大启发。无独有偶，几年前杰克·施瓦格难得的一次中国行，我就是全程陪同的对话人。我们一起在深圳、北京、上海搞了三场活动，每一场都是我和施瓦格对话。成为施瓦格也正是我自己的梦想，崔莹的话强化了这个长期梦想。

从这句话，也能看到崔莹对投资的看法比较多元。他不是那种熟读巴菲特书籍的人，也从不标榜自己是价值投资者。他认为投资需要客观，站在自己的角度看问题容易陷入认知误区，要从市场层面和基本面结合的角度，看待科技股发生的变化。

崔莹还提到了一个重要的点：跟踪环节比选股更重要。对于许多十倍股，基金经理并不是一上来就认为这只股票能涨十倍，而是在不断跟踪后，才能对公司有深入的认知。

过去几年，崔莹管理的规模增长了不少，虽然市场一直在变化，但是他每年的业绩确实都很不错。2021年，崔莹的业绩还是很好，排名在比较靠前的位置，我想背后是他对市场比较客观的心态。

## 威廉·欧奈尔的 CANSLIM 选股体系

**朱昂**：你是过去那么多年少数一直坚持在成长股这条赛道的基金经理，能否谈谈你对投资的心得体会？

**崔莹**：这几年做成长股投资，最大的一个变化是能更加客观地看待问题了。过去我只是站在自己的视角看公司，对于市场怎么看这家公司想得少一些。现在我看问题，不仅从自己的视角出发，也会结合市场的角度，尽量更加全面客观一些。

我以前买股票可能不太喜欢从众，会主动规避大家都买的那些股票，尽量找一些独家的黑马。现在我的框架体系更加全面，从公司自身的基本面和景气度出发，不刻意寻找独家的黑马。

在投资上，我一直专注在成长股这条赛道，以 TMT、医药、消费、高端制造、新能源、新材料等为主。我比较关注公司目前处在什么阶段。对于一个成长股选手来说，选到处在生命周期向上阶段的公司，可能比用便宜的价格买更重要。

我很看重公司的财报变化，会先寻找单季度收入利润加速的公司，再看公司的 ROE 和现金流，以及做一些产业链调研，这些研究会帮助我判断公司目前所处的阶段。对于估值这个指标，我的理解是，它是市场交易的结果。一家好公司如果估值太低，我会比较警惕。

在投资框架上，我参考了威廉·欧奈尔的 CANSLIM 选股体系，寻找基本面和市场共振的成长股。

**朱昂**：你提到了威廉·欧奈尔的 CANSLIM 选股体系，这一块能否具体讲讲？

**崔莹**：我会先限定行业，在与我的投资体系和框架匹配的行业里面寻找标的。我认为，如果一家公司能涨十倍，你在一倍到十倍之间去买，都是没错的。就算涨了一倍以后再买，只要判断正确，还是能够赚到大钱的。所以，我会尽量做右侧。既然做右侧，就不能买周期性行业，因为周期性行业和我的体系不太匹配。

威廉·欧奈尔的这个体系比较看重股价的相对强度，这也是我会考虑的因素。我把自己的投资体系定义为寻找公司高增长的趋势。这个体系有基本面和市场趋势结合的成分，所以我会从市盈率这个指标来评判市场对于公司价值的反馈。

还有一点，不同类型的公司，跟踪的指标不同，有些是跟踪收入，有些是跟踪每个季度的利润变化，有些是跟踪用户。在交易之前，要想好跟踪的核心指标是什么。

我买这些公司，出发点肯定是要做出阿尔法，但是大部分时候我会把这些公司先当作贝塔来做，这样我的压力和包袱会小一些。公司本身是动态变化的，我们基金经理对于公司的理解也是动态变化的。我会先把公司当作贝塔，买一些仓位慢慢跟踪。在跟踪的过程中，加深对公司的理解，这种更加深入的理解，之后会转换成阿尔法。

**朱昂：你前面提到不同类型的公司，跟踪指标不同，这个能否再具体讲讲？**

**崔莹：** 比如 2019 年的 PCB 公司，因为本身行业处在上行周期，收入增长不是很快，但是 ROE 普遍有提升，净利率提高得也比较快，这时候我会更关注净利润的变化。还有我买的一些云计算公司，竞争优势会体现在用户的规模效应上，这时候我会更看重用户数的增长。这背后的核心是，要知道这些不同类型公司的驱动因素，驱动因素又对应公司的竞争力，需要从商业模式的本质出发来看问题。

## 股价背后是多重因素的交织

**朱昂**：你如何理解影响股价的因素？

**崔莹**：股价＝基本面＋交易因素＋情绪博弈。目前在中国市场，参与者散户居多，所以估计三个因素各占1/3。在基本面上，要从公司财务报表体现的业绩增长，过渡到对公司商业模式本质的理解，明白公司怎么赚钱、赚什么钱。基本面对公司估值的影响未来会占大头，主要是因为中国过了高速增长期，在未来增速递减的过程中，估值体系会重构。

在交易面上，要理解量价关系和图形，永远要尊重更长周期的图形，而不可简单死守基本面，量价关系和图形是市场用真金白银买卖出来的。科技股的技术变革很难及时跟踪，需要从交易面上辅助理解。

在情绪面上，由于公募属性，恐慌和狂热对应的底部和顶部很难抓。重点应放在更长时间维度的大概率事件上，通过时间让自己赚钱。做趋势的朋友，理解趋势背后的逻辑。如果信息有限，则应该让时间站在有利于自己的趋势上。

在一个大牛股的周期中，三个因素的权重关系会发生变化。初期基本面占比较大，中期交易面占比较大，后期情绪面占比较大。

**朱昂**：自己的出发点可能是片面的，但结合交易面就能反映全市场的认知？

**崔莹**：许多科技类公司的技术变迁是很快的，很难第一时间去把握。有些时候我们看基本面并没有出现问题，但是交易面已经反映了悲观的预期。比如 A 股历史上有家做 CDN①的公司，在业绩还没有出现问题的时候，股价就已经开始调整。之后我们看到竞争格局出现了恶化，这时候交易面是走在基本面之前的。

欧奈尔的体系除了看重基本面因素，也看重来自技术面的相对强度，这可以帮助我们规避一些不确定性。过去一年半导体板块走势挺明显，华为被制裁的事件出现调整后，基本面因素主导了板块的反弹，到了后面，一些公司的市值透支了比较长时间的未来增长，这时候交易面的因素占了主导。在不同情况下，我们要知道哪个因素在主导着股价表现。

**朱昂**：能不能说，你的投资哲学是我们个人无法看到全部真相，有时候需要依赖市场的反馈机制？

**崔莹**：我认为投资的核心是应对而非预测。股价的均衡价值只存在于一个瞬间，这和传统经济学假设相悖。正确和错误并不重要，所以不能纠结于基本面，更重要的是人们的预期，但是预期又会随时动态变化。

**朱昂**：顺势很重要，你前面也提到希望做右侧，能否谈谈你对顺势的理解？

**崔莹**：对一个基金经理来说，看错不是大问题，每个人都会犯错。最大的风险是，看错的仓位越重，对净值带来的伤害就越大。而且当看错重仓股时，可能就会越低越买，在一个错误的品种上放了最大的仓位。反过来说，一个基金经理如果能在看对的品种上有最大仓位，就会给收益带来较大帮助。

---

① 内容分发网络。

我们拉长来看，会发现许多时候基金经理是在赚大趋势的钱。历史上有些基金经理在 2013~2015 年做得很好，是因为享受了成长股的大趋势。有些基金经理在 2016~2018 年做得比较好，是因为享受了价值股的大趋势。在这些过程中，我们自己要清楚赚的是什么钱。不要错误地把市场给你的贝塔，当成你自己的阿尔法。

这也是为什么我在买一只股票时，会先从贝塔的视角分析，这样我会更加灵活一些。历史上我体会比较深的是 2017 年，那时候我买的计算机公司业绩很好，基本面不差，股价表现却不好。我后来想明白了，当时的大趋势不在这一块，价值股的风格占优。

所以我觉得要多观察市场，多从市场的角度想问题。过去这些年，我一直在实践自己的体系，希望能把自己和市场结合在一起，这样至少不会太吃亏。

## 股票的核心是景气度而非估值

**朱昂：** 所以你觉得股票的核心并非估值，而是景气度？

**崔莹：** 我在 2018 年的时候买过一家安防公司，这家公司过去的估值一直比较高，到了 2018 年开始变得便宜。一开始我以为是贸易摩擦让估值变得便宜了，事后才明白是公司自身的景气度在下行。过去估值由低到高的过程，伴随着景气度由低到高；现在估值由高到低，也伴随着景气度由高到低。

历史上我也买过估值一直很贵的公司，但是估值贵并没有妨碍公司成为大牛股。就像英超一样，利物浦买下了范迪克，除了价格高一些没什么缺点。一个好的成长股基金经理，是敢于重仓高估值品种的。不要因为估值贵，错过了大牛股。

**朱昂：** 你说到要敢于重仓高估值品种，不会因为估值高感觉不安全？

**崔莹：** 我对估值的理解是，一只成长股可能一上来大家研究得比较少，估值是偏低的，在大家都开始研究的时候，估值会出现变化。研究得深入，可能会多买一些，研究得少，可能会少买一些。如果大家都去研究，公司质地也很好，又在景气周期，那么估值一定会比行业平均水平高，也会比历史平均水平高。

这时候高估值可能对应公司从一个低速成长期进入高速成长期的阶段，或者盈利模式从不清晰变得清晰的阶段，这时候的高估值其实是比较安全的。但是我也会设置卖出的价格，比如当估值高于历史均值一倍以上，或高于历史均值两倍以上标准差的时候，风险收益比并不好，这时候我可能会卖掉。

我买入公司的时候，会对比不同公司的风险收益比，风险收益比又对应不同的仓位。风险收益比高的品种，多买一些；风险收益比低的品种，少买一些。同时，我在行业上是比较分散的，通常单一行业不超过20%，极限情况下不超过30%。这样能使组合保持在比较好的状态。

**朱昂：** 说到组合管理，你如何看待波动率？

**崔莹：** 首先，我前面提过，组合中单一行业最大配置在20%以内，极限不超过30%。通过行业相对分散来降低波动率。其次，我的组合不是只有TMT，还有医药、消费、高端制造业等，波动率就肯定比纯科技基金经理要小。再次，我的操作会结合市场反馈，什么时候重仓，什么时候减仓，这些都会结合市场的反馈，用比较客观的态度去做投资。最后，我现在用一个相对完整的框架在投资，这样胜率不会太差。

## 牛股是跟踪出来的

**朱昂：** 你提到有时候会一边买，一边做研究，这是为什么？

**崔莹：** 一方面，一个品种买和不买是本质差别，如果不买，就不会深入研究。另一方面，持股的时间周期也很重要。许多人都买过十倍股，但是赚了50%就卖掉的话，意义就不是很大，也不是值得骄傲的事情。

在投资中，我觉得跟踪比选股更重要。我把30%的时间用来选股，70%的时间用来跟踪。很多牛股，不是买的时候就能够发现的，而是通过买入之后的跟踪获得的。有些公司，我刚开始买仅仅是因为估值比较低，但是后面公司业绩不断超过我的预期，给我惊喜。在这个过程中，我对公司的认知也在完善。甚至到后面，有些海外类似的公司上市，一上市估值就很高，也让我重新理解公司的价值。

我觉得投资中很多东西是动态调整的，我们一边持有一边研究，是一种比较适合的方式。我过去也犯过错误，有些公司花了很长时间研究，发现的确是好公司，但是股价已经涨了很多，又不愿意买了。还有一种情况反过来，花了很多时间研究一家公司，不得不买，最后发现自己看错了，对自己的信心也会造成影响。

朱昂：你是新兴成长股的专家，你怎么预测未来新兴产业的投资机会？

崔莹：预测是很难的，只能做一个展望。我觉得这一轮产业周期跟 4G 那一轮非常像，通信股的业绩改善在 2018 年三四季度就开始启动了，通信板块的股价也最早开始表现。到了 2019 年三四季度，电子股的业绩也起来了，股价也开始表现。当年 4G 的产业周期，是从通信的基站开始的，到电子的手机，再到后面的计算机和传媒等应用。

往后看，我认为计算机和传媒里面有少部分公司，未来的机会大一些，比如一些云计算和云应用板块公司。在 4G 手机转向 5G 手机的换机浪潮中，手机总体销量可能变化不会很大，但是里面一些其他终端会有结构性机会，比如可穿戴设备、AR/VR 设备等，这些终端的渗透率比较低，是我会关注的方向。

## 投资业绩是投资体系和流程的结果

朱昂：在你成长的过程中，有没有出现过什么飞跃点？

崔莹：也没有什么飞跃点，更多是通过经验教训不断学习。我是 2015 年做基金经理的，那时候比较顺，正好碰到 TMT 的大牛市。我是看 TMT 出身的，2015 年的业绩做得比较好。2016 年开始，市场风格发生变化，那一年我业绩也不差。但是到了 2017 年，价值风格跑赢成长风格到了极致的一年，我选的一些成长股，虽然基本面也不差，但受限于市场风格，表现不是特别好。

到了 2018 年，我开始把投研做得更加细致，构建更完整的投资框架。这一年我主要思考了如何构建匹配自己的投资框架，包括看了威廉·欧奈尔的书，还有杰克·施瓦格的"金融怪杰"系列丛书，这几本书我看了两遍，给我启发很多。通过学习各种投资高手的方法，我逐渐完善了自己的框架。书里面有一句话，我印象特别深，大概的意思是：你不是来市场证明自己的，你是来赚钱的。这也让我放弃了过去挖掘独家黑马股的想法。

我做了很多反思，发现在好的赛道中，无论是TMT、医药还是消费，都有很多牛股，但是最终并没有许多人完整赚到那么多的收益。我认为组合最后的高收益不仅取决于选对公司，还要在牛股上持有较高的仓位和较长的时间。

**朱昂：有没有想过不做基金经理，你会做什么？**

**崔莹：**其实过去一年多有了自己的体系后，我做投资比原来要轻松很多，虽然工作量还是很大，但是心理压力小了很多。我觉得不做基金经理，还是会一直做投资。我最早是学计算机的，如果当时没有去做投资，可能会写代码，做一些量化的工作。

**朱昂：你认为一个好的基金经理需要什么品质？**

**崔莹：**一个好的基金经理，一定要有自己的体系，这是最重要的。此外，基金经理要能独立思考和决策。我们最终都要为自己的决策负责。

**朱昂：现在这个阶段，有什么事情想多做一些，什么事情想少做一些？**

**崔莹：**我希望多做一些长期的事情，少做一些短期的事情。在公司研究上，把更多时间放在长期，不要因为短期的变化去交易。有时间我还想多读读书。我觉得自己还算这个行业里面比较勤奋的人。

**朱昂：对于职业生涯未来 10 年、20 年，你希望自己达到什么高度？**

**崔莹：**我没有想那么多，就像买公司一样，要一边持有一边跟踪研究。我是在 2018 年三四季度才形成比较完整的投资体系的。我希望能把这个体系持续运用、优化下去。投资业绩是投资体系和流程的结果，我们没有必要去设定目标。我从来不觉得自己买的公司一定是有阿尔法的公司，也可能有贝塔。这样想的话，心态就会轻松很多。

## 投资理念与观点

▶ 我看问题，不仅从自己的视角出发，也会结合市场的角度，尽量更加全面客观一些。

▶ 在投资框架上，我参考了威廉·欧奈尔的 CANSLIM 选股体系，寻找基本面和市场共振的成长股。

▶ 我会先把公司当作贝塔，买一些仓位慢慢跟踪。在跟踪的过程中，加深对公司的理解，这种更加深入的理解，之后会转换成阿尔法。

▶ 在一个大牛股的周期中，三个因素的权重关系会发生变化。初期基本面占比较大，中期交易面占比较大，后期情绪面占比较大。

▶ 投资的核心是应对而非预测。

▶ 一个好的成长股基金经理，是敢于重仓高估值品种的。

▶ 我认为组合最后的高收益不仅取决于选对公司，还要在牛股上持有较高的仓位和较长的时间。

| 第 7 章 |

# 只要选对股票，就能实现攻守兼备

访谈对象：冯明远

访谈时间：2020 年 3 月 18 日

冯明远在今天的市场中已经成为新兴成长的旗帜型人物，不过在几年前，即便他业绩很出色，知道他的人也很少。对于这一点，我也深有体会。有人第一次给我推荐冯明远，是在 2019 年底的雪球大会上。当时正好有一个晚宴，我旁边坐着基金研究达人"零城投资"。他告诉我，从数据分析看，冯明远是 2018 年回撤最小的成长股选手，到了 2019 年又是涨幅最高的选手之一。

于是，我就在 2020 年初，通过一个朋友的引荐，和冯明远做了一次电话访谈。冯明远的语言表达有些"木讷"，听他讲话，不会觉得这个人有什么过人之处，但是看他的投资组合，确实和绝大多数基金经理不一样。他的组合极其分散，持仓最大的股票也就占不到 5% 的仓位，一个组合里面有上百只股票。关键是，这些股票都不是通过量化手段筛选出来的，而是来自他的主动选股。

原来，冯明远是一个调研"狂人"，他很少在办公室里，绝大多数时间都在外面调研。他的调研也不是"撒胡椒面"，他只专注在新兴产业公司进行调研，而调研的区域基本上集中在"长三角"和"珠三角"，这两个地域有大量新兴产业公司。所以，在选股的时候，他有很强的原创性，许多公司都不是大家听过的大白马。

有一次，我见到一个做FOF投资的好友，告诉我他非常钦佩冯明远的勤奋。他说曾经有一段时间很担心冯明远会跳槽，毕竟他所在的基金公司规模相对较小，平台不是很大。关于这个问题，这个朋友有一次非常直接地问了冯明远。冯明远的回答是，作为基金经理，最有价值的不是拿多少钱，而是有多久的持续业绩。冯明远希望把自己的业绩做长，管理一个产品的持续业绩越长，价值越大。之后，我的朋友评价冯明远说，这是一个"有企业家精神"的基金经理。

在访谈结束后，我也长期关注了冯明远的投资业绩。我曾经一度思考，管理的规模越来越大会不会对他选股提出挑战。不过，在进入2021年以后，他依然显示了很强的超额收益能力，突破了自己管理的容量上限。他的风格，更像做深度个股挖掘的基金经理，通过自己的勤奋，多跑公司，多跑产业链，观察到一些许多人忽视的投资机会。

## 自下而上的新兴成长股选手

**朱昂：**你是怎么看待投资的？

**冯明远：**我先说说自己的从业背景。我是 2010 年毕业的，当时的专业属于工科。毕业之后就进入了平安证券的研究所，在 TMT 组做卖方分析师。经历了整整三年的 TMT 卖方行业研究后，我在 2014 年初加入了现在的基金公司。最初也是负责 TMT 行业，后来增加了一些偏周期的行业。但是类似于医药、消费这类成长性行业我并没有研究过，所以之后做基金经理的时候，投得比较少。

从 2016 年下半年开始做基金经理至今，我的投资范围以过去做研究员时覆盖的行业为主。我的出身对之后做投资的影响比较大。如果我一开始是看食品饮料的，那么之后可能就会在食品饮料行业专注投资。我并不认为自己是一个成长股选手，更精确客观的定义是"专注于新兴产业发现的选手"，因为类似于食品饮料、医药这类成长方向的行业，我之前没怎么看过，就很少涉及。

关于做投资，我的初心是为投资人赚取绝对收益，挣多挣少没关系，但是一定要给他们持续挣钱，对于排名我没有过多追求。我的想法比较朴素，把客户的钱当作自己的钱来管理，因为作为基金经理，我们没有其他的投资渠道，买基金是唯一的理财方式。我把自己作为基金产品的第一个客户来看待，用一种特别朴素的态度看待投资。

落实到投资上，我希望找到一些质地比较好、估值相对合理的公司，相对确定地赚取公司市值增长带来的收益。我关注的新兴产业领域经常出现新技术，对此我十分谨慎，严格把握确实能成长起来的好机会。一方面，要保持开放的心态去接受变化，变化才是新兴产业不变的特征。另一方面,也要思考新变化或者新技术是否能在未来带来实实在在的现金流。

**朱昂:** 你是一个很鲜明的新兴产业选手,新兴产业波动比较大,但是我们发现你的产品在 2018 年熊市中并没有出现很大的回撤。

**冯明远:** 客观来讲,这与我的管理规模有关。2018 年我的管理规模年均没有超过 10 亿元,在规模不大的情况下,通过选股能够有效规避市场的系统性风险。

有一个规律挺有意思的,在每年最熊的三个板块和最牛的三个板块中分别挑出排名最好的五只股票,用最熊板块中的 15 只股票与最牛板块中的 15 只股票进行对比,会发现它们的平均涨幅差距并不是很大。如果管理规模比较小,但是找到了最熊板块中的最牛股票,也完全可以跑赢表现好的行业。也就是说,通过选股获得的阿尔法能大幅弥补行业贝塔上的拖累。

2018 年我们投的通信、电子、计算机、新能源汽车等行业,从板块表现来看都是那一年最差的。幸运的是,我们的选股能力还不错,选到了这些行业里面表现比较好的公司,获得了比较大的超额收益。

今天我们面临的挑战是,当管理规模达到 100 亿元以上的时候,在新兴产业选十几只股票出来已经无法容纳当下的资金规模。所以,我们的投资方法一定要比过去再有所进步,扩大自己的能力圈。

## 收益来自熊市中对优质成长股的布局

**朱昂:** 我们回到 2018 年,你是怎么把这些牛股找出来的?

**冯明远:** 当时找到牛股的主要因素有两点。

首先，对一个行业的跟踪时间足够长，理解足够深刻，正确率相对会高一些。我们跟踪新兴产业已经近十年了，对这个行业中大部分公司的质地、竞争力、管理层、各种产品的价格是否存在周期性波动已经掌握得比较透彻了，这是前提。当时我们的优势在于，对这些公司的未来动态估值准确度的把握比较好。

其次，要做的只是把握住人性，不要太贪心，也不要在市场中随波逐流。在外界压力和市场估值面前，只要坚持自己的投资理念，坚持估值合理的原则，最终取得的成绩都不会太差。

做到了以上两点，我们就大概率能够选出比较好的公司了。

**朱昂：你的投资组合还有一个特点，行业比较分散，并没有集中在 TMT 领域，那么能否给我们刻画一下，如何在不同行业内选出优质的公司？**

**冯明远：** 我们涉足的行业主要集中在 To B 的制造业、偏新兴制造业的方向，To C[①]的不多。对于 To B 的公司，有几个比较简单的筛选方法。

第一可以看客户，这是最简单省力的做法。客户好的 To B 公司大概率是好公司，客户已经帮我们认证公司好坏、去伪存真了。比如苹果产业链、特斯拉产业链的公司，苹果和特斯拉这些大公司已经帮我们做了公司的筛选。

第二可以看管理层，这从年报、招股说明书中无法得出，要多调研、多交流。管理层的素质、经营理念、对人才的重视程度，新业务的发展方向以及在经营上对人才的激励，从方方面面可以勾勒管理层

---

① 面向用户。

画像，这也是我比较看重的。

目前我国新兴领域已经发展到可以和日本、韩国正面竞争了，我们已经走过了20世纪八九十年代买一台机器自己开作坊、比谁胆子大加杠杆的阶段。对于新兴产业中的管理层，比较重要的几点是：要重视研发、重视激励、重视客户服务，最好本身是本领域专家，或者本身在这一领域有很多研究成果。当然，电子行业也有一些比较突出的企业家，是从基层摸爬滚打出来的，也带领公司发展得很好。

对于我们基金经理来说，要对新兴产业的技术方向有一个大致的判断。目前几个技术流派在相互竞争，有的公司管理和研发做得都很不错，但技术方向错了，就无法在行业中走得长远，押错技术方向是致命的。

**朱昂**：看到你持仓的集中度比较低，前十大占仓位不到30%，相比之下需要覆盖更多公司，你怎么平衡时间精力和能力圈？

**冯明远**：公司最初制定规定的时候有外资背景的股东，考察了全球市场，结合公司情况，最终规定单票不能超过五个点，这直接导致了我的前十大集中度会比别人低。所以，我自然会比别人多看一些行业和个股，这是必然的结果。

举个例子，我们每天去早点摊吃早餐，同时有十多个人，每个人都向老板点了五六种食物，每天进进出出，人流很大，老板也没有账本，但我们吃完，他看一眼就能很快报出每个人不同的消费金额，也不会算错。我们一般人都觉得这太神奇了，可这就像卖油翁一样，时间久了就在大脑里形成了固定的思考模式，所以能很快地在大脑里走通。

我的工作也类似，我的持仓集中度比较低，平时跟踪的公司比较多，已经熟能生巧了。我看到一家公司的财报和招股说明书，能迅速摘出要点，调研的时候要问哪些问题，也都深刻地记在心里了。目前我跟踪两三百家公司，每天都要看公告和调研纪要。这看上去有些不可思议，但多年以来，每天按部就班地推进，不自觉地就习惯了这种状态。

**朱昂：** 我看到你收益率的进攻性非常好，这个往往通过集中持股更容易实现，持股分散会摊薄收益率，那么你是如何在分散持股中保持高收益的？

**冯明远：** 这个问题从数据统计的结果来看，应该是找到了很多挣大钱的公司。

而实际上，我们也确实找到了很多收益很好的股票，翻了五六倍的公司挺多的。这得益于科技股或者说制造业的大熊市。比如在2015～2018年，计算机板块一直在跌，在行业的低点我找到一大批潜在收益很高的公司。如果是在2015年的科技股大牛市后期，我就不可能找到那么多收益率能翻倍的公司。

2019年我们持有了一批低估值的小市值公司。此前市场对于核心资产过度追捧，导致许多小市值公司的估值很低，有些公司的土地价值已经超过市值了。当时，找到一批被低估的小市值新兴成长股是比较容易的。

**朱昂：** 现在很多人会用一些量化工具做筛选、过滤、组合管理，你也会用吗？

**冯明远：** 我并不会用量化工具做筛选，还是一个个自下而上去看公司。这和每个人的投资理念相关，有些人喜欢做一些过滤，比较常见的是通过选赛道的方式过滤掉赛道不好的公司。但是我相信自下而上一个个看公司，能找到质量高同时估值又不贵的公司。

从选赛道的角度看，基本上就是偏消费品属性的那几个，有品牌、ROE 也比较高。我看的新兴成长方向，有很多赛道并不好，这些行业有许多缺点。第一，客户比较集中，以特斯拉或者苹果为主要客户的公司，或许它们的收入超过 50% 来自一两家公司；第二，产品技术更迭快，智能手机的硬件就是很好的例子；第三，竞争者云集，赛道中玩家太多。

所以，如果使用量化手段筛选，这些行业都会被排除。而我自入行开始，就扎根在这样的赛道中。领导培养我，就是让我在这样的赛道中奔跑，从历史情况来看，我也能在这样的赛道中跑赢。

**朱昂：跟同样做新兴产业的人相比，你的换手率还是比较低的，能否说说背后的原因？**

**冯明远：** 的确，2019 年我三个产品的换手率都在 100% 多，比市场平均的换手率要低。我没有刻意控制换手率，我一直以来的做法是找竞争力强的公司，就是从管理层、产品研发、激励制度、技术方向等维度找到我认可的。最后看估值，估值合理的就多买一些，估值不合理的就少买一些。

我也没有做行业轮动，所以换手率自然低一些。我有很多股票都持有了两三年，其间会微调占比，但本身个股仓位在 5% 以下，所以可调空间相对较小。可能三个点在我这边就属于重仓了，有很多公司仓位只有一个点。但是过去几年在个股仓位的限制下做投资，我也逐渐习惯和适应了。本质还是找靠谱的公司，长期持有。

## 用大格局做新兴产业投资

**朱昂：** 能否为我们分享一个比较成功的选股案例？

**冯明远：** 我曾经在某通信设备的龙头公司上赚到了三四倍的收益。

这家公司我跟踪了很长时间，它属于TMT中的大市值白马股，我从入行开始就一直研究覆盖。2017年，市场提前炒作5G板块，但是我因为对估值有担忧，错过了那一年的行情。而且，当时我认为5G建设还需要时间，无论是网络建设还是5G标准制定，都没有确定。

到了2018年，正好发生了中美贸易摩擦，这家公司被卷入了风口浪尖，股价在很短时间内直接腰斩。当时市场情绪非常恐慌，我们参加公司发布会的时候，氛围还是比较悲观的。当时我们用一个简单方法做了测算，公司的土地价值、专利价值和子公司价值加起来，是超过当时的市值的。

在那个时候，我们就开始重仓这家公司。记得在2018年三季度买这只股票的时候，心理压力是非常大的。周围的人都在卖出，舆论压力也很大，甚至公司的风控也会质疑为什么要买这家公司。我们当时顶着比较大的压力去买，因为看到公司真的被低估了。

后来的事情可能大家也了解，中美贸易摩擦并没有把这家公司打死。在整个5G建设的浪潮开始后，公司的业绩也大幅增长，股价出现了很大的反弹，我们也在这家公司上获得了比较大的收益。

**朱昂：** 你对新兴产业非常熟悉，能不能跟我们分享一下在这个产业的投资心得？

**冯明远：**我讲讲自己的心得体会吧，感受比较深的一点是，想要在新兴产业里面挣大钱，一定要有大格局。

2010年刚毕业，还在平安证券做卖方分析师的时候，有一天晚上我加班写报告，当时有个同事买了一个iPhone，给我们看用触摸屏打游戏。那时候我们都还在用诺基亚和摩托罗拉这类键盘手机，他每天都跟我们说新买的iPhone多么好。当时就感觉大家对iPhone着迷了，后来果然身边一个个都开始换iPhone了。

我后来反过来看这个事情，发现iPhone最早是在2007年左右推出的，其实我们如果在2010年iPhone已经有压倒性优势的时候，买苹果的股票，就能够获得接近十倍的收益。那时候智能手机替代功能手机的趋势已经很明显了。我们不需要在趋势不确定的时候做投资，在看到很明显的趋势后，再去买股票也来得及。

其实在新兴产业中，对新的产品一定要有很好的敏感度与接纳性，持开放包容的态度，多观察，不轻易否定。在新兴产业中很容易形成一个观念：这个东西就是在炒概念。我们真正要做的是学会接纳，去了解这个技术原理是怎么样的、创业者的想法是怎么样的、他们的产品到底是什么样的东西。

另外一个感触是，要特别关注对于新产品、新技术特别敏感的发烧友的动向，比如十年前为我们推荐iPhone的同事，2019年他又疯狂给我推荐特斯拉，回头看特斯拉的股价一年不到涨了三倍。

我们一定要以非常开放的态度去研究新事物，包括现在很多人在批判的卫星互联网。我觉得要客观研究马斯克的星空产业链是否真正代表了未来发展的方向。我觉得要在科技股上赚大钱，一定要有大的方向感和敏感性，不要被每天股价的波动影响。

**朱昂：** 科技股已经走了一段时间的行情，你怎么展望接下来的科技股行情？

**冯明远：** 这个问题要从资金性质出发看。如果是个人投资者，可以看科技股的长期方向，比如看好苹果或者特斯拉，拿五年、十年不动都可以。但是基金经理有考核周期，需要兼顾短期的收益。

最近科技股涨的速度过快了，确实有部分板块估值有点高。我看前几天有媒体说，个别半导体公司的市值接近美股同行了，确实有这个现象。但是未来如果回调 30% 左右，估值又会回到一个合理的位置。

我觉得这里面的核心问题是，要把握真正有成长性的公司，像抓住十年前的苹果一样抓住现在的机会。对于长期有竞争力的品种，每一次调整都是买入而非卖出的机会。把公司的长期价值研究清楚了，短期涨得快一些并不是大问题。

**朱昂：** 对于新兴成长方向的子行业，能否也分享一些你的看法？

**冯明远：** 通信设备行业主要看运营商的资本开支，市场空间肯定不如 To C 的消费电子和新能源汽车。未来不管是在中国还是在美国，运营商资本开支的成长性不会很大。所以，通信设备的周期性强于成长性。这里面要把握技术的周期：从 3G、4G 到 5G，运营商建网的时候，景气度向上；等网络建设完成，景气度就会向下。目前这个阶段，还是 5G 周期向上的建网阶段。如果能找到一些材料国产化替代的公司，成长性会比周期性好一些，股价表现也会比通信设备公司好。

我前面提过消费电子，核心就是创新，其他的周期波动都是小钱。消费电子要把握大的创新带来的赚大钱的机会，哪里有创新就去哪里找投资机会。

半导体是一个特别成熟的行业，全球半导体的历史已经有五六十年了。国内的半导体公司现在股价表现好，是因为国产替代，并不是因为新的技术。我们的半导体技术还没有创新这个实力。这个版块的周期性比较强，与宏观经济的关联比较大。要理解行业所处的周期位置，目前看还处于一个向上周期，而且和 5G 的关联比较大——5G 会加大信息产业的资本开支。

软件行业内部分化比较大，有各种细分行业的信息化，导致不同公司之间的景气度差异巨大。这两年有两条主线，一条是云化，另一条是安可（安全可控）。云化是全球发展的大趋势，里面有许多细分领域的龙头。安可是国产化的过程，但是要把握估值，业绩爆发可能还要等两三年。

传媒也看创新，特别是游戏领域，伴随着硬件的更新，相关传媒公司也会推出创新的产品。

新能源汽车我们投得也比较多，看好渗透率的提高，但速度不会像智能手机普及得那么快。因为手机是快消品，大家一两年就换手机了，汽车是耐用品，大概要五六年才会换车。但是新能源汽车的持续性更好，空间也很大。

**朱昂：你也是周期股的专家，有成功的案例为我们分享一下吗？**

**冯明远：** 在周期股中，我之前买了钢铁、煤炭，从结果来看，2016 年买钢铁比较成功，那时我刚刚做基金经理。

关于周期股，我们有一个股东曾经说过一句话，对我启发很大。

他说航空股是资本市场上所有的产品里面,投资方法最简单的,在它快破产的时候买就对了。当然要确保它不会破产。我觉得他说得挺有道理。

2014~2015年的时候,钢铁股亏得一塌糊涂,也便宜得一塌糊涂。如果那个时候买,拿到2017年,会收获五倍甚至十倍的收益。2016年很多钢铁公司开始释放利润,钢价开始上涨,供给侧结构性改革刚刚开始,回想一下我们股东的话,确实要在快破产的时候买周期股。

## 将精力放在研究公司的终点

**朱昂:** 在你成长过程中,有哪些事情对你的触动比较大?

**冯明远:** 有一个印象特别深的市场上的失败案例。

美股有一家公司原来是做蓝宝石的,当时有一种说法,苹果想把手机面板从玻璃换成蓝宝石,因为蓝宝石在硬度上很有优势,怎么划都不会有划痕。这家公司的股票有一段时间还挺风光的,后来因为产品成本太高,苹果宣布弃用这个方案,这家公司直接就破产了,在海外的股票价格很快就归零了,让我印象非常深刻。

对于新技术、新应用、新产品,要怎么投?就像我刚才强调的,在确认了之后再去买也不迟。回到这家卖蓝宝石的公司,如果苹果真正宣布确定要用这个方案,大家再入场,就会好很多。因为苹果用了,华为也会用,OPPO也会用,三星也会用,后面还是有很大空间的,不要急着买。

另一个印象比较深的案例是在 2018 年，很多制造业公司在经营上比较激进，大批电子制造业公司"爆雷"。这是前所未有的，带给我的启发是，对于这类步子迈得过大的公司，要注重识别和防范风险。

**朱昂：假设你不受基金经理定期考核的束缚，你的投资逻辑还会是这样吗？**

冯明远：如果不受框架约束，我觉得可能换手率会更低一些。我本身对估值的容忍度会更高一些，如果没有定期考核，我会花更多时间和精力在确认起点和终点上。

所谓确认起点就是确认一家公司已经处在必胜的状态，比如说 2011～2012 年的苹果已经对诺基亚处在一种必胜的状态。因此，不用太关注苹果每个季度的每股收益，而应该把所有精力花在研究苹果是不是能战胜诺基亚上，然后去匡算，如果全世界有 1/4 的人在用苹果，这家公司能赚多少钱，从而推算出市值的终点。

我觉得在研究上，不应该捡了芝麻丢了西瓜。要把主要精力花在研究公司最终能成长到什么程度上，不要因为一两个季度的业绩波动，就把优秀的公司卖掉了。

**朱昂：你很看重公司的终点，怎么判断一家公司的终点呢？**

冯明远：判定终点很重要的一点是计算，很多人在这一点上会出错误。

以苹果为例，几年前，我们推断苹果的利润是单机利润乘以世界 1/3 的人口。但是，作为一家优秀的创新型公司，它又研发出了耳机、手表，说不定未来还会有眼镜以及更多样的服务，那么公司总利润可能就变成了所有品类单机利润之和乘以世界 1/3 的人口，空间翻倍往上了，这块认知是要不断更新的。

管理层素质好、创新强的公司，发展空间是越来越大的，这也需要我们持续跟踪。

**朱昂：现阶段你在投资中有什么压力，或者哪里是难点？**

**冯明远：** 目前的压力是，以前我的投资领域不宽，主要在新兴产业这个领域。新兴产业中市值较大的也就是小几百亿元，现在我们的基金规模在快速增长，一方面有流动性的压力，另一方面要寻找好公司，那么工作量就会增大。特别是基金持有人的期许会很高，他们很多都是冲着历史业绩来的，希望未来三年还是有跟过去三年一样的好业绩，这个确实有挑战。当然，我们会尽力做好，给投资人最好的回报。

## 投资理念与观点

▶ 在每年最熊的三个板块和最牛的三个板块中分别挑出排名最好的五只股票，用最熊板块中的 15 只股票与最牛板块中的 15 只股票进行对比，会发现它们的平均涨幅差距并不是很大。

▶ 对于新兴产业中的管理层，比较重要的几点是：要重视研发、重视激励、重视客户服务，最好本身是本领域专家，或者本身在这一领域有很多研究成果。

▶ 对新的产品一定要有很好的敏感度与接纳性，持开放包容的态度，多观察，不轻易否定。

- 我跟踪两三百家公司,每天都要看公告和调研纪要。这看上去有些不可思议,但多年以来,每天按部就班地推进,不自觉地就习惯了这种状态。
- 要把主要精力花在研究公司最终能成长到什么程度上,不要因为一两个季度的业绩波动,就把优秀的公司卖掉了。

| 第 8 章 |

# 科技股投资的阿尔法，是伴随优秀企业成长

**访谈对象：许炎**

**访谈日期：2020 年 5 月 7 日**

许炎有一个外号，叫"火火哥"，因为名字中的"炎"有两个"火"字。不过，他投资科技股却不是"风风火火"的那种，相反风险偏好还比较低。我之前认识他的时候，他还是公司的科技股研究员，当时接触并不多，只是感觉他对人都比较客气，没有一点大基金公司研究员的架子，这可能和他最初入行时在一家券商做卖方分析师有关，他特别了解我们这些卖方分析师和销售的苦。

讲到科技股投资，大家通常的印象是高换手率、风险偏好高、追求高景气度。许炎却非常不同，他的科技股投资更偏向自下而上找优秀的公司，陪伴优秀的公司成长，和价值投资是一样的。从换手率看，许炎也是科技股基金经理中换手率比较低的。

我们会看到，许炎的投资方式完全和价值投资者类似：行业做分散，个股做集中，看重一家公司的护城河，并不会完全押注赛道或者单一景气度。理论上，用这种方式做科技股投资，收益率不会特别高，但许炎管理的产品在过去几年都取得了很好的收益率。

当然，许炎未来还需要跨过一个坎儿：经历一次熊市。他算比较幸运的，一上手做投资熊市正好过去，在牛市中相对就比较顺手。我发现，对基金经理来说，开始投资的时候是熊市、牛市还是震荡市，对其投资理念的影响很大。当然，没有经历过一轮牛熊周期的投资框架，肯定还有一定的修补空间。

## 以个股选择的超额收益为投资目标

**朱昂：** 作为一名科技股选手，能否谈谈你的投资框架？

**许炎：** 我觉得科技股投资基本上分为两大类，一类强调景气周期，另一类强调自下而上选股。我的投资框架比较偏向自下而上选股，注重获得来自个股选择上的超额收益。我的组合会基于 TMT 行业的市值进行分类，对应的不同子行业占我持仓的比重，根据已公开披露的信息，目前是电子 40%、计算机 30%、传媒 15%、通信 15%。即使我特别看好某一个方向，也不会去做配置上的偏离，比如就算我很看好半导体，也不会在上面配置 50% 的仓位。这么做的原因是，我比较看重超额收益的稳定性。短期看，行业的景气度会对超额收益有较大贡献，而拉长时间看，一定是优秀的公司跑出来，所以通过选股获得的超额收益会更加稳定。

我的投资原则是：第一，如果在每一个行业都能选出有超额收益的公司，长期收益一定是巨大的；第二，能否通过选股创造超额收益，是考验一个优秀的主动管理型基金经理的试金石。

指导我们投资的是内在的信仰，我相信好公司是真正能够长大的，最有成就感的事情是自己伴随着这些好公司一路成长。同时，这种寻找优秀公司的投资框架，也能够容纳更多的资金，不会因为规模的变大而丧失超额收益，也不会出现流动性的限制。

整体上看，我投资的稳定性比较高，无论是重仓股的持仓稳定性，还是收益率的稳定性。当然，我做投资的时间还不够长，希望再过几年后审视我的组合，依然能看到比较强的稳定性。

**朱昂：** 你提到了投资目标是在科技板块中获得超额收益，那么你

### 产品的基准是什么？

**许炎：**我管理的一只互联科技股票型基金的基准是中证TMT指数，投资目标就是战胜这个基准，获得超额收益。总体来讲，科技行业的增长比传统行业更快，长期看都会有比较好的投资机会，未来泛科技领域或会占到市场半壁江山，也不用担心能力圈太小的问题。我的目标就是在科技领域构建自己的能力圈，构建获得持续超额收益的能力。

### 极度看重个股的壁垒

**朱昂：**你非常看重个股选择带来的超额收益，那么能否谈谈你的选股思路？

**许炎：**我会从四个维度进行个股选择：①公司的壁垒和竞争力；②长期成长空间；③所在行业的周期性；④估值。每个人看公司基本上都是这四个维度，只是方法不同，对应的排序不一样。

在我的个股选择中，壁垒是第一的，第二是空间，第三是景气周期，第四是估值。对我持仓的前20大核心品种来说，壁垒是最重要的，这些公司都必须有比较强的壁垒。对于持仓20大核心品种之外的非核心品种，才是空间大于壁垒，我会选择一些有弹性的品种。

我在构建组合时，遵循"守正出奇"的想法，大部分仓位在"守正"的个股上，投资的都是科技行业中具有比较强壁垒的公司，一小部分仓位用来"出奇"。

**朱昂：**科技产业覆盖电子、计算机、传媒、通信等领域，会不会

**不同行业的公司，捕获阿尔法的方式也不同？**

**许炎**：我觉得整体来讲，不同科技行业的个股选择差异不大，关键是公司的竞争壁垒是否足够强，商业模式是否足够好。具有竞争壁垒的公司，一定会显著好于没有壁垒的公司。比如手机摄像头这个行业，分为不同的环节，其中竞争格局比较好、有显著壁垒的公司，成长的速度和确定性都明显高于竞争格局比较差、壁垒不够强的公司。

在科技领域做投资，我比较偏好确定性，会寻找从 1 到 N 的机会，而不是从 0 到 1 的机会。我不是很看重爆发力，确定性比较低、爆发力较强的公司，我可能只会用很小的仓位去买。

**朱昂**：你非常看重公司壁垒，能否和我们具体讲讲科技行业有哪几种壁垒？

**许炎**：我认为科技行业的壁垒，其实和许多传统行业的类似，主要有两种类型。

第一，成本优势。其本质是效率问题，看谁的效率更高，或者有规模效应。

第二，针对需求端的壁垒。比如品牌力、转换成本、网络效应等。许多人认为消费品需要品牌壁垒，其实科技领域也会有品牌壁垒，比如一些 To B 的元器件，采购商未必看重单价，如果出现问题，要承担很高的风险。转换成本壁垒比较多地在软件企业上看到，我们用了某些软件，要换成别的就很难。网络效应壁垒，在互联网企业上看到的比较多，也是互联网企业显著强于传统企业的地方。

我举个例子来说明。光学是一个特别好的赛道，也在全球诞生了许多大牛股，单是手机的光学摄像头数量就从过去的一个发展到今天的七个之多。在这个过程中，行业的增量是显而易见的。然而，光学行业价值量最大的领域其实在芯片环节，竞争格局非常好，绝大部分市场被全球三家公司垄断。有家公司壁垒就非常强，在中美贸易摩擦后，大量国内公司都选择了国内的供应商，又给这家公司加厚了一部分壁垒。

事实上，中美贸易摩擦后，我非常看重那些能够被纳入华为产业链的公司。华为在各个领域扶持的公司数量很少，作为一家价值量很大的公司，一旦得到华为的扶持，就会拉大和同行的差距。

作为基金经理，我会花更多时间去深入思考公司壁垒，有些壁垒不是显而易见的，需要持续的研究和思考。

反过来说，我们过去看过的许多行业增速很快，动量很足，但由于无法构建壁垒，最终的结果反而是大多数公司赚不到什么钱。

科技行业的特征是，总是能找到一大批增速比较快的细分领域。今天我们要找到一些行业内增速在20%~30%的子行业，不是那么难的。所以，在做投资的时候，一个行业增长很快，对我的吸引力没有那么大。对我最有吸引力的，还是有壁垒的公司。即使在行业增速不快的领域，只要有壁垒，公司自身还是能保持比较快的增长的。比如通过市占率的提高、产品的优化、费用的压缩等手段，带来利润率的弹性。

**朱昂：强壁垒代表了盈利能够长期保持高速的增长？**

**许炎：** 强壁垒的公司，盈利稳定性的溢价更高。中国本身是一个GDP增速较快的国家，即使抛开过去的增长速度，今天我们找一个增速在10%以上的行业也是比较容易的，在科技领域就更多了。

但是从生意的本质出发，我们要找到能稳定赚钱的公司。许多行业增长很快，竞争也很激烈，百舸争流之后，最后要从中找到真正赚钱的好公司的概率却并不高。

## 现金流比静态估值更重要

**朱昂：** 从看生意的角度出发，你认为科技领域有哪些生意属于好生意，哪些属于坏生意？

**许炎：** 计算机里面的云服务和半导体里面的设计类公司，都属于非常好的生意。它们的共同特征是用户转换成本很高，一旦使用后，替换难度很大。我们看到，过去几年美国科技股中表现最好的就是云计算公司。这类公司利润率很高，现金流极好，而且很稳定。互联网中商业模式比较好的公司，一旦形成极强的网络效应，后面就是不断变现的过程。

商业模式不是特别好的，主要是偏制造业的公司，资产比较重，需要大量的资本开支和人工。这也是为什么许多电子类公司的估值比较低。我的观点是，市场给的估值在绝大多数情况下是有效的。我不会很主观地认为这家公司为什么估值那么低，那家公司为什么估值那么高，我会先思考估值体系背后的原因。有些公司的资产负债表很健康，现金流很好，ROE 很高，那么给高估值是合理的；有些公司的资产负债表很差，ROE 波动巨大，那么给低估值也是合理的。不同公司的估值中位数，是由商业模式决定的。

**朱昂：** 说到估值，这是你看公司的维度排在最后面的一项，能否谈谈你对估值的看法？

**许炎：**我其实看市盈率越来越少了。对于一些稳定的商业模式，或者是偏向加工业的公司，比较适合看市盈率。对于许多其他商业模式，单看市盈率并不合理。过去几年，我对现金流的重视程度越来越高。我们看美股有些很优秀的公司，盈利可能在某年出现很大的下跌，但是股价风平浪静。不是美股不敏感，而是换个角度看，就会发现现金流其实非常平稳。反之，有些公司利润很稳定，现金流却出现了很大问题，这就需要我们重视。

换一个视角看，利润表是一种会计处理的方式，而真正做生意的方式，一定是看现金流的。有些公司的市盈率可能比较高，但是现金流每年都在改善，从基于现金流的估值角度看就不贵。

一家公司到底是贵还是便宜，不能只看市盈率，还要结合现金流等多方面，估值很多时候是个视角问题。

**朱昂：**所以科技板块中的制造业公司，你就会投得比较少？

**许炎：**是的，大家可以从我管理的组合已公开披露的信息中看到，目前组合在制造业公司方面的配置比例基本上很少。制造业的商业模式，同质化程度比较高，真正的壁垒是效率和管理层能力。

## 长期超额收益来自正确的价值观

**朱昂：**你怎么看待自己的阿尔法来源？

**许炎：**首先，一个基金经理的组合基本上能代表他的三观。看一个人的前十大重仓股，基本上能知道这是一个什么性格的人，投资思路是什么，他是怎么去想的。从我的投资组合中能看到，我希望伴随好公司创造长期的收益，不会想着割"韭菜"，做短期的信息差。前面也提到，我喜欢业绩稳定性高的公司，不喜欢业绩波动较大的公司。

一些业绩不太稳定的公司，我就很少投。有些公司短期业绩有爆发力，但是长期增长并不稳定，这就需要对短期的增量进行判断。

回到前面讲的，这是由个股选择中的三观决定的。我希望整体组合是比较稳定的，不希望让组合过度依赖短期的某些动量。再过五年、十年，回头看今天的组合，希望这里面会出现一批慢慢长大的公司。阿尔法的核心来源，就是和优秀的公司一起"滚雪球"。

**朱昂：如何看待科技行业的周期性特征？在大的科技创新周期中，壁垒再高的公司也可能面临被颠覆。**

**许炎：** 这是科技股投资中无法避免的问题，导致科技公司的投资胜率天然会比许多成熟行业的公司低，但是一旦投资成功，单个公司取得的收益也比成熟行业的公司更大。比如投资消费品行业，如果一个优秀基金经理的胜率是90%，那么投资科技行业的胜率有70%的基金经理就非常优秀了，但却可能会创造更高的年复合收益率。当然，作为专业投资者，我们的目标就是不断提高胜率。

另外，公司的壁垒需要动态审视和检测。不要发现一家强壁垒公司，就直观地认为壁垒会越来越强。我会不断审视一家公司的竞争力，如果发现公司的壁垒被高估了，就会卖出。投资组合会持有一批强壁垒的公司，这个组合会基于我的研究动态调整。

**朱昂：科技股投资的波动天然比较大，你如何控制你的回撤？**

**许炎：** 波动来自两个方面，一个是整个科技板块的波动，另一个是某个子行业的波动。由于我管理的产品是一只以中证 TMT 指数为基准的科技基金，而且仓位最低为 80%，如果整个科技板块出现波动，我很难控制。但是我在构建组合的时候，会保持子行业的相对均衡，那么单一行业波动对我组合产生的冲击就不会那么大。我很在意组合的反脆弱性，任何一个子行业都会出现意想不到的"黑天鹅"，通过子行业的分散，整体抗风险能力就会比较强。

同时，优质公司的回撤天然比较小，选好的公司，本身也是控制回撤的一个手段。比如同样做苹果耳机的公司，A 股的主要供应商在出现回撤时，就比次要供应商跌得少。这也是为什么我买公司并不追求弹性，过于追求弹性会让自己去重仓不是那么好的二三流公司。这些公司在上涨的过程中可能弹性比较大，但是下跌的弹性也很大。

## 三大周期叠加推动科技产业发展

**朱昂：** 你是看通信出身的，能否谈谈对于 5G 的看法？

**许炎：** 科技产业这一波，是三大周期的叠加。最短的是 2019 年下半年开始的半导体复苏周期，大概能维持两年的时间。长一些的就是这一轮 5G 科技周期，持续时间预计在五年左右。从 2018 年下半年开始，我们就看到 5G 基站类企业出业绩了。真正让我对科技板块乐观的，是比较长的国产替代周期，从华为被制裁开始，可能会持续十年左右。

我们在投资中会看到几个互相排斥的要素。如果壁垒很强，空间往往就很小；如果壁垒强，空间大，那么估值就很贵。像一部分半导体公司，在全球的市场份额比较小，成长空间很大，但是并没有很强的壁垒。然而，在华为被制裁后，去美国化加速了，这就设立了一个人为的壁垒。这些华为导入的供应商，拥有这种人为的壁垒，同时又对应了很大的成长空间。虽然一些设计类公司短期看估值比较贵，但它们的业绩增长是非线性的，商业模式很轻，边际成本很低。看这些公司的动态市盈率，其实挺便宜的。

**朱昂**：你怎么看后续华为被制裁带来的冲击？

**许炎**：整体上看，华为2020年的准备一定比2019年充分得多，应对能力也会比之前更强。华为在供应链上去美国化、增加国产企业比例的大方向不会改变，对于国产供应链长期是比较有利的。

**朱昂**：无论是在中国还是美国的科技板块，在一轮大的产业周期中经常会出现十倍股，你会不会要求自己去捕获十倍股？

**许炎**：对我来说，找到十倍股是投资中的锦上添花，但并非我的投资目标。这些潜在收益很大的公司，隐含的风险也很高，许多公司最后都是失败的。我更关注自己投资中的胜率。这就好比打台球，普通人也会打出几个漂亮的球，而真正区分职业选手和普通爱好者的是稳定性。

许多超级大牛股，在启动的位置蕴含的不确定性和风险是极高的。如果只买一点点，即使涨十倍，对我组合的贡献也不会很大。但是买很多，在不确定性前，就要承担很高的风险，况且，选到垃圾股对于组合和自己的伤害是很大的。我希望自己的组合能选到一批优质的公司，胜率较高，过几年看，当时看好这些公司的逻辑大多都能得到验证。

## 放眼长期，保持好奇心

**朱昂**：在你成长的过程中，有没有出现一些突变点？

**许炎：**我的投资理念是慢慢形成的。我是 2013 年正式进入卖方研究所看通信板块的，自己也一直是一个数码爱好者。入行的时候，有一本书《浪潮之巅》对我影响很大，让我从一个比较高的维度去看科技企业的历史和变化。大的产业周期来临，是挡都挡不住的。我自己非常喜欢做产业趋势的研究，2015 年加入目前这家基金，2016 年开始在投资部工作。

在投资部，我一开始做基金经理助理。这时候我的领导在几件事情上对我启发很大。第一件事，他跟我说，一个基金经理的核心能力是在主战场的定价能力，而不是在一些小公司上的定价能力。只有能够在这些大公司上有定价能力的人，才能真正管好大钱。第二件事，他告诉我，一个基金经理的前十大持仓就是自己的名片。每个季度前十大持仓的更替不要超过三个，每年的更替不要超过五个。这种束缚让我更加注重长期投资。每一次我把一只股票买到前十大，就会思考更多长期因素，并不会想着到了下个季度就卖掉。

**朱昂：**A 股历史上科技股投资领域的优秀基金经理似乎每隔几年就会换一批人，如何保持你在这个领域的长期竞争力？

**许炎：**这确实是一个值得深入探讨的问题。我的想法是，不要让自己的收益来自单一板块的押注，这样会导致收益的不稳定。在正面战场做深入研究，要对优秀企业有定价能力，长期提供给持有人的是来自个股挖掘的超额收益。最后，当然是长期保持自己的好奇心。我本身就是数码产品爱好者，有什么新产品或者新的 App 我都会去尝试。要更好地把兴趣和工作结合起来。科技股投资必须紧跟时代，否则就会被时代淘汰掉。

## 投资理念与观点

- 指导我们投资的是内在的信仰，我相信好公司是真正能够长大的，最有成就感的事情是自己伴随着这些好公司一路成长。

- 在我的个股选择中，壁垒是第一的，第二是空间，第三是景气周期，第四是估值。

- 我在构建组合时，遵循"守正出奇"的想法，大部分仓位在"守正"的个股上，投资的都是科技行业中具有比较强壁垒的公司，一小部分仓位用来"出奇"。

- 在科技领域做投资，我比较偏好确定性，会寻找从 1 到 N 的机会，而不是从 0 到 1 的机会。

- 我们过去看过的许多行业增速很快，动量很足，但由于无法构建壁垒，最终的结果反而是大多数公司赚不到什么钱。

- 阿尔法的核心来源，就是和优秀的公司一起"滚雪球"。

- 优质公司的回撤天然比较小，选好的公司，本身也是控制回撤的一个手段。

- 真正让我对科技板块乐观的，是比较长的国产替代周期，从华为被制裁开始，可能会持续十年左右。

- 找到十倍股是投资中的锦上添花，但并非我的投资目标。

| 第 9 章 |

# 透过现象看本质：寻找投资中的正反馈机制

访谈对象：姚跃

访谈时间：2020 年 8 月 20 日

我和姚跃认识超过 10 年，他刚入行的时候，是一家基金公司的汽车研究员，正好也是我的客户。从他身上，我感到了一个人成长的飞跃。一开始，他是一个还不错的汽车分析师，能够对行业里的公司进行跟踪和研究，财务模型也做得很好。比较幸运，他入行的第一家公司就是一家基本面驱动的公司，建立了他做基本面研究的底层价值观。

不过，那时候的姚跃总是缺乏一些灵气，不少汽车里面的大牛股，他在做研究员的时候并没有给公司推荐到。特别是当年有一波国产 SUV 汽车的车型推出，带来了长城汽车和长安汽车两只大牛股，但那时候姚跃好像还在看传统的像上汽集团这样的公司。这也导致他在那个阶段一直升不上去做基金经理。

2014 年，姚跃投奔了一个这家公司出来的基金经理开的私募,也是做研究员,正好赶上了市场的那波牛市。感觉在那个阶段,他对投资有了不一样的理解,能够明白什么是股票,什么是公司。到了2016年左右,他出来单干私募投资,一直到今天,对于投资的理解又上升了一层,能够更深入地理解驱动公司内在价值的是什么。

姚跃把研究分为几个层次,最简单的是研究现象本身,高阶一些的是研究现象背后的原因,再往上是研究原理。理解更多本质的东西,是扩大能力圈的有效方法。信息和具体的知识可扩展性不强,但背后的原因和原理有很强的可扩展性。经典的正反馈案例包括摩尔定律、网络效应等,这些是长久存在的。同时具备反馈周期短、能力提升空间大、付费意愿强这三个特点的公司,会成为正反馈模式下最牛的公司。历史上的一些大牛股,包括苹果、特斯拉、亚马逊等,都有很强的正反馈模式,能持续快速扩大竞争优势。

这篇访谈较长,但绝对值得一看,是市场上对于正反馈机制不可多得的思考分享。

## 具有正反馈机制的投资框架

**朱昂：** 谈谈你对投资的看法。

**姚跃：** 投资界藏龙卧虎，有很多低调的大神，我不揣浅陋，以见教于大方。

股票投资有多种流派，以不同的框架、不同的维度评判同一个标的，可以得出不同的结论，但都可能是正确的。这是投资的魅力，也是讨论投资问题的难点。在某个维度下不重要的因素，在另一个维度下可能很重要。提取出特定维度下系统的主导因素并深入研究，是我们要做的工作。我的理念是：追寻本质，拥抱伟大，利他共赢；做有累积优势的事，构建正反馈环。具体的投资框架以超长期基本面投资为主导，适当融合短期正反馈机制。选股、竞争优势、正反馈（累积优势）是不同层次的三个核心变量。

特定的投资框架包含很多维度和角度，比如在投资决策体系这个维度，有认知、决策、不确定性、安全边际以及认识自己等角度；在投资方法这个维度，有选股、组合构建、资产配置、择时等角度；在基本面选股这个维度，有竞争优势、管理层、商业模式、估值等角度；在竞争优势这个维度，有正反馈累积优势、价值创造与价值获取等角度；在商业模式这个维度，有垂直一体化、水平分工等角度。

弱水三千，只取一瓢饮。后面的讨论也只是从正反馈机制的角度去探讨竞争优势和选股。

**朱昂：** 你觉得正反馈机制是投资中非常重要的部分吗？

**姚跃：** 对。我想以"正反馈"这个点为例，说明我们是如何投资、如何看待事物的。

正反馈是一个普遍存在的现象。资产价格、知识积累、财富积累、技术进步、网络效应、摩尔定律、现代化、价值投资这些看似不相关的事，背后有某种共同的原理，这就是正反馈（累积优势）。巴菲特"滚雪球"式的投资就是正反馈的过程：积累更多具有竞争优势的公司，今天的成功能够带来明天更大的成功，然后把更多的钱投给这些公司，这个过程就是经典的正反馈。

这给我很大的启发：投资在很大程度上要去寻找具有正反馈机制的领域，无论是公司层面的正反馈机制还是资产价格层面的正反馈机制。

价值投资中一个重要的概念是"复利"，复利是正反馈机制带来指数增长的典型。$y=(1+r)^t$ 是标准的指数函数，表明了通俗上讲的指数式增长。

滚雪球首先要有一个能够越累越厚的内核，这就是竞争优势，然后是长坡、厚雪。从上往下滚雪球的过程是越滚越快、越积越厚的正反馈过程。现代化其实也是类似的过程。李录先生分析了"西方在过去200年现代化过程中领先优势越来越大，而中国近30年赶超"的现象。我个人从正反馈的角度去理解，现代化本质上是技术驱动的，而"现代技术产生更多的技术"的过程就是一个正反馈累积优势的过程。布莱恩·阿瑟的《技术的本质》对这个问题有深入的分析。中国过去30年的发展，是加速现代化和加入全球网络的过程，也是利用正反馈机制加速建立累积优势的过程。在某种程度上，美股以FAANG[1]和SaaS公司为代表的公司的市值占比持续提升与正反馈效

---

[1] 指Facebook（现已改名为Meta）、苹果（Apple）、亚马逊（Amazon）、奈飞（Netflix）和谷歌（Google）。

应有关；网络效应的正反馈带来的指数化增长（规模递增）与传统公司的调节回路（规模递减）之间的剪刀差越拉越大；全球国家间差距加大和贫富差距加大与全球贸易网络的网络效应正反馈、现代化的正反馈以及金融投资的复利效应密切相关。

## 研究原理，而非现象

**朱昂**：具体到投资研究上，你是怎么做的？

**姚跃**：我觉得研究分为三个层次：第一层是研究现象本身，第二层是研究原因，第三层是研究原因的原因，也就是现象、原因、原理。第一个是函数，第二个是一阶导数，第三个是二阶导数。

我们看到的表象是公司利润高增长，或者有很高的ROIC等，这些都是现象；现象背后的原因可能是竞争优势；再往后看，要理解竞争优势能够扩大的原理是什么。前面重点讨论了正反馈，我觉得正反馈机制可以算是某种原理，围绕这个原理，我们找到"竞争优势"这个原因，然后找到现象，也就是高ROIC、高速高质量成长的公司。

我们会继续把研究的重点放在二阶导数上，寻找现象背后的原理，然后从原理出发，系统性地找一批"现象"，也就是投资标的。

**朱昂**：你的研究围绕原理去做，这种做法似乎并不是主流，跟你几年前的做法也有所不同。

**姚跃**：有一种说法，"创新在边缘"，可能是迫于资源禀赋，只能选择一条有相对优势的方向进化。依靠信息、知识这种做法，需要聚焦于某个领域深挖，建立局部优势。如果要打阵地战，这种做法需要很庞大的研究资源支持。另一种做法是从原理出发，寻找竞争优势显著、扩大的一类公司。

我前两年的投资模式是沿着产业链深挖，在某一条产业链上建立知识和信息优势，这跟我从2008年在基金公司做研究员的经历有关。如果选对了产业链方向深耕，投资结果就比较好。比如，看医药出身的朋友，专注医药一个赛道，虽然医药长期来说是很不错的赛道，但依然有投资业绩阶段性偏离度高的风险，管理客户的钱就有久期匹配的问题。如果专注在波动大的行业，投资机会的方差更大。这种做法的另一个问题是，研究的可复制性问题，即一个领域的知识和信息怎样扩展到其他领域。

我后来发现，信息和具体的知识可扩展性不强，但背后的原因和原理有很强的可扩展性，所以这几年我的投资框架更多转向了挖掘原因背后的原因，然后往上扩散。

**朱昂：** 根据原理做投资是不是比根据现象做投资更难？

**姚跃：** 从我个人的资源禀赋看，研究原理，推导现象，可能比脱离原理研究现象更容易。这主要基于两个原因：一个是基于现象的研究、投资，本质上是一个跟人比较的过程，必须要处于金字塔顶端，才能靠信息、现象获利；另一个是可复制性。以矿的成本曲线为例，基于现象的投资是这样一条曲线：陡峭曲线左侧的低成本区域很窄，很难挤到这个区域；即使处于这个区域，又存在优质矿不可复制的问题。而从原理出发，最后定位到一批标的，这些"飞马"自己会飞奔。从基本原理出发，应该可以找到科技股中的网络、软件、SaaS，从二阶导数到一阶导数再到函数值，持续性可以很好。

从原理出发做投资，需要聚焦、深度研究，通过大量阅读和思考去理解基本原理。比如我个人研究美团、亚马逊、阿里巴巴、腾讯这样的公司，会尝试研究正反馈机制、网络效应、复杂系统、生物型组织、控制论、系统动力学最基本的原理。研究这些原理可能比判断某款游戏的流水更有价值，在某种程度上也能有更高的置信度。

当然，每个人都可以从自己的能力禀赋出发，选择适合自己的投资研究方式，以上只是我个人觉得适合自己的方式。

## 几个经典的正反馈案例

**朱昂：** 你能展开讲一下你是怎么在投资过程中用正反馈机制寻找投资机会的吗？

**姚跃：** 简单举几个正反馈机制在投资中的案例。

基于摩尔定律的正反馈机制。比如，芯片设计公司、芯片制造公司、医药中的CRO公司等，在一个技术架构下，持续正反馈累积优势，领先公司的优势就会越来越明显。摩尔定律是这些领先公司的正反馈技术进步带来的结果。由于在这些领域，学习曲线陡峭且进步的天花板较高，而且客户付费意愿高，因此诞生了大量的经典牛股。早年的英特尔（Intel）、过去几年的台积电以及借力台积电的AMD都是非常经典的案例。这里投资的难点可能是，要判断哪些领域具有这种陡峭而且高的学习曲线（技术进步快，但技术变革慢，同时天花板高）。

基于网络效应的正反馈，反馈周期更短，且天花板更高。摩尔定律可能两年迭代一次，而今天的许多智能化技术，可能一年、一个月就能迭代一次，到了某个临界点后会推动公司加速建立竞争优势，很多东西会涌现出来。2019 年 4 月后的某本地服务电商龙头有点这个意思。

网络效应的正反馈机制。网络效应，或者叫梅特卡夫效应，是非常经典的正反馈机制。用户越多，带来的网络效应越强大，就有越多的用户参与进去，每一次反馈都在原有基础上往上走。最经典的案例是社交网络、实物电商平台、本地服务电商平台、以 Visa 为代表的支付网络等，都有网络效应或者双边网络效应。网络的价值大致与用户数的平方成正比，而用户数的增长又驱动供应商的增长、网络平台价值的增长，这就带来了指数化增长，从这里面可以找到大量的投资机会。再比如，我们看到更多的用户使用带来更多数据，这些数据又通过算法优化了技术本身，抖音和自动驾驶是经典案例。

算法、数据以及人工智能。人工智能可能是继网络之后更大的正反馈机会。我们基于正反馈机制这个原理出发，去研究智能化方向（智能车、工业智能化、物联网、人工智能等），目前的理解还很粗浅，但我相信这个领域会诞生大量系统、应用、软件、芯片的机会。我们举智能驾驶的例子：更多的数据积累，带来加速的技术进步。所以特斯拉并不是一个产品型公司，不是仅仅做了一种更加时尚的电动车，它其实和传统汽车公司不在同一个维度，它通过正反馈实现了加速的发展。抖音也是非常经典的案例。如果脑洞大一点，甚至在菌种、种子培育类公司身上，也能找到类似的特性。

消费品领域的成瘾性、社交传播、占据消费者心智的正反馈过程，普遍存在于烟草、白酒、咖啡、奢侈品这些领域。

从原理出发，确实可以找到一串机会，而不是某个点上的机会。互联网、科技、制造业，甚至消费领域都有这样的机会。这种标的并不是很多，但是我们做投资也并不需要买很多股票。真正看明白能够通过正反馈累积优势的公司，并在合适的阶段买入持有，可能是更好的选择。

正反馈累积竞争优势的这类投资机会，如果同时具备三点，是最好的：反馈周期短且成本低（低成本快速迭代）、能力提升空间大（学习曲线陡峭且高）、付费意愿强（性能需求的天花板高）。从投资时点看，摩尔定律型的正反馈，反馈周期短，技术进步快，但面临技术变革快的风险，在反馈周期阶段是最好的投资窗口；网络效应型的正反馈，反馈周期更短，技术变革的风险居中，在反馈周期阶段或者格局明确后都有比较好的投资窗口。通过正反馈过程占领消费者心智后的时期似乎是消费品更好的投资窗口，这点可能跟传统消费品反馈周期长且技术变革慢有关。

最后讲一类经典案例，从正反馈累积优势的视角出发，有助于理解垂直一体化与专业分工的对比：IBM vs 苹果 vs 特斯拉，台积电 vs 英特尔。

我一直在思考，什么产品、什么时间适合采取垂直一体化（或者专业分工）？哪种战略更有助于企业成长？我之前的结论是，在产业发展不成熟的时候，为了改进性能、提高匹配效率，适合走垂直一体化路线；产业成熟了，适合走专业分工路线。我曾经这样去理解比亚迪、宁德时代，但其实没有这么简单。现在的结论是，能通过正反馈累积优势（无论是在成本上还是在性能上）的组件适合垂直一体化。如果组件的累积优势能进一步提升产品份额，最终产品能建立绝对份额优势，那么维持组件的垂直一体化就是经济的，否则很容易出现专业第三方供应商。

为什么PC时代IBM标准化外包之后，真正走出来的是微软和英特尔，而不是整机厂或者其他零部件厂？因为这两家公司所在的领域，具有很强的正反馈机制。微软的操作系统具备很强的网络效应，并且有很强的客户黏性，学习成本高，反向锁定了客户。而在芯片这个领域，规模越大，投入的研发金额越高，进步速度就越快。IBM战略上的失误是，不该把有正反馈累积优势的芯片和系统外包。当年苹果电脑失败的原因也是在芯片和操作系统上选择失误。

为什么在PC时代英特尔的垂直一体化、芯片制造内部化是经济的，而在移动互联网时代芯片制造专业分工企业台积电会崛起、反超？芯片制造环节显然是有累积优势的，但如果不能维持产品份额的绝对优势，原本值得垂直一体化的环节就会不经济。AMD借力台积电的追赶就是经典的案例。

为什么苹果手机垂直一体化开发操作系统能够增加公司的竞争力？苹果面对的是并不统一的安卓阵营，苹果系统有绝对领先的市场份额，同时软件开发者偏好性能更好的硬件，形成了苹果手机应用和苹果系统、硬件的正反馈机制。

特斯拉垂直一体化的智能驾驶系统能不能提升公司的竞争力？智能驾驶系统基于数据、算法改进，具备明显的正反馈累积优势，如果组件（智能驾驶系统）优势提升到足够大，进而使整车能维持绝对市场份额，那么组件优势、整车份额之间的正反馈就会持续。如果不能在智能驾驶系统领域占据绝对份额优势，理论上来说，就有市场空间允许专业第三方做智能驾驶系统，这时候就会遇到当年苹果电脑操作系统的问题（在最初领先的情况下，苹果没有对外供应操作系统，在芯片选择上也犯了错误）。特斯拉开放了智能驾驶系统，吸取了苹果公司失误的教训，使得专业第三方提供智能驾驶系统的难度进一步提升。但到底是像 PC 时代的英特尔（靠垂直一体化生产芯片与芯片份额增长形成的正反馈，获得垄断份额优势），还是像三星（曾经通过垂直一体化帮苹果制造芯片，但后来被专业第三方台积电超越）？这个还要考虑终端产品属性、管理层等因素。

## "非共识的正确"带来的机会

**朱昂：** 你投的那些公司，都是有正反馈机制的吗？

**姚跃：** 客观地说，目前不全是，未来会越来越多。简单说两点原因。第一，长期投资一家公司的标准非常严苛，公司核心逻辑和变量需要得到确认，我们的理解也要跟上。举个例子，比如某本地服务电商龙头，如果理解深刻，2019 年 4～5 月就可以参与，但我们在 2020 年 3 月之前一直没有参与，主要是对公司的理解还没到位，同时还有某些核心变量没有确认。到 2020 年 3 月，我们在疫情影响、流动性危机确认解除、公司领先优势得到确认的背景下，在最低点出现的那天重仓参与了。对于这样的公司，需要储备研究累积、最后转化为投资的过程。

第二个原因是，我的做法以超长期基本面投资为主，结合正反馈机制。正反馈机制只是其中一种原理，并不是全部。我今天跟大家分享这个点，是选了一个我们认为很重要，且能反映我们看待事物方式的角度。

你这个问题非常好。从原理出发寻找投资机会，只是投资的一个维度。投资还牵涉到认知、不确定性等问题，以及组合构建、客户资金久期的问题。这是一个复杂的课题。

从原理出发寻找投资机会，能够处理的机会增加了。本质还是认知模式发生了变化，以前是基于信息和知识，现在是基于原因和原理。在研究方法进化之后，能力圈有所扩大，我开始理解互联网公司、科技类公司。

**朱昂：**所以现在你的投资不局限于某个行业，因为有更高阶的方法论？

**姚跃：**过去几年我们在痛苦中成长，努力让自己在认知和方法论层面不断进化。从原理出发，找到二阶导数效应，拥抱优势持续扩大的伟大企业，然后有更多时间追寻本质。希望这个循环能自我运转下去，享受时间的价值。

除了正反馈累积优势原理，我还希望掌握越来越多"非共识的常识"，或者叫作"非共识的正确"。

比如，经典经济学理论告诉我们，边际效应递减是普遍规律。这是工业时代的常识，许多公司的增长斜率会越来越缓。但是我前面提过，网络效应就是边际效应递增、持续加速。正反馈带来的指数化增长，普遍具备边际递增效应。一般商品价格越低，销量越好，但是有一些商品价格越高,销量越好。超级品牌、奢侈品是一类,医疗器械这种使用者和付费者分离的产品也是一类,只要品质稳定,价格略高一点更好。

另外,在线性思维与指数思维、正态分布思维与幂律分布思维、静态均衡思维与动态反馈思维中,后者往往是被忽视的常识。

再比如,技术进步快带来的先发优势和技术变革快带来的后发优势,也是容易被忽视的常识。一般来说,制造产品的公司比设备类公司的持续性更好。但容易被忽视的常识是,技术变革快时设备厂商的投资价值大,技术变革慢时产品制造商的优势大。

**朱昂:** 你的目标就是和这些伟大的公司一起"滚雪球"?

**姚跃:** 是这样的,但客观说,我们差距还比较大。这些竞争优势持续扩大的伟大公司,占组合的比例应该越高越好,这是我们要追求的结果。"追寻本质,拥抱伟大,利他共赢;做有累积优势的事,构建正反馈环。"这句话是我们过去一年总结出来的,这也可以说是和伟大公司"滚雪球"的过程。"滚雪球"三个字的背后,有很深刻的道理。真正优秀的公司,是能够自己把雪球滚起来的。好的投资也一样。

但知易行难,我们总是在一个正反馈循环还没构建的时候,分心去做其他事。在突破临界点、"飞轮"自己转起来之前,是艰难的。不专注、不坚定、内心焦虑的背后是不够坚信,没有真正相信没有发生的事。

我希望自己的心力不断长进,踩过的雷、掉过的坑、吃过的亏能让自己进化。

## 投资理念与观点

▶ 股票投资有多种流派，以不同的框架、不同的维度评判同一个标的，可以得出不同的结论，但都可能是正确的。这是投资的魅力，也是讨论投资问题的难点。在某个维度下不重要的因素，在另一个维度下可能很重要。提取出特定维度下系统的主导因素并深入研究，是我们要做的工作。

▶ 我的理念是：追寻本质，拥抱伟大，利他共赢；做有累积优势的事，构建正反馈环。具体的投资框架以超长期基本面投资为主导，适当融合短期正反馈机制。选股、竞争优势、正反馈（累积优势）是不同层次的三个核心变量。

▶ 巴菲特"滚雪球"式的投资就是正反馈的过程：积累更多具有竞争优势的公司，今天的成功能够带来明天更大的成功，然后把更多的钱投给这些公司，这个过程就是经典的正反馈。

▶ 价值投资中一个重要的概念是"复利"，复利是正反馈机制带来指数增长的典型。$y=(1+r)^t$ 是标准的指数函数，表明了通俗上讲的指数式增长。

▶ 现代化本质上是技术驱动的，而"现代技术产生更多的技术"的过程就是一个正反馈累积优势的过程。

▶ 我觉得研究分为三个层次：第一层是研究现象本身，第二层是研究原因，第三层是研究原因的原因，也就是现象、原因、原理。第一个是函数，第二个是一阶导数，第三个是二阶导数。

▶ 信息和具体的知识可扩展性不强，但背后的原因和原理有很强的可扩展性，所以这几年我的投资框架更多转向了挖掘原因背后的原因，然后往上扩散。

▶ 正反馈累积竞争优势的这类投资机会，如果同时具备三点，会是最好的：反馈周期短且成本低（低成本快速迭代）、能力提升空间大（学习曲线陡峭且高）、付费意愿强（性能需求的天花板高）。

| 第 10 章 |

# 科技成长股投资需要低换手率

访谈对象：张丹华

访谈时间：2020 年 9 月 7 日

  在访谈张丹华之前，我看过一个他类似于 TED 模式的演讲视频，在黑色的剧场中，他坐在台前，讲着对科技股投资的看法。他认为投资的本质是买未来，相信未来的世界会变得更加美好，而科技股投资就是关于未来的。工业革命带来了全球经济指数级别的增长，这也是为什么工业革命之后，全球经济开始出现大爆发，每隔 100 年人类的生活方式就出现翻天覆地的变化。在工业革命之前的几千年中，人类的生活方式改变不多，全球经济增长也没有那么快。

  张丹华在那个演讲中，把科技股投资定义为"探索未知的过程"。从某种角度上看，他站在一个更高的维度看科技。在和他的访谈中，也能感受到他骨子里把价值股投资和科技股投资结合在了一起。许多人会把价值股投资和科技股投资区分看，因为科技的变化很快,波动很大,甚至许多科技企业是没有办法用现金流折现模式来测算的。张丹华的这个演讲,在我们行业中的影响力很大。有一次我访谈一位很知名的私募基金经理,结束后问他比较欣赏哪些基金经理,他的回答就包括张丹华,然后还补充了一句:并不认识他,但是看他的演讲启发很大。

不同于许多人追寻科技的变化,张丹华认为科技股投资要找到底层不变的规律。从历史上看,摩尔定律和梅特卡夫定律是两大科技发展永恒的原理,前者对应了泛数字化的发展,后者对应了网络效应的发展。张丹华投资的"第一性原理"就是用长期的时间把握变化背后最本质的东西。从和他的交流中,能够感受到许多价值投资者的思维方式。确实,价值投资是基于基本面的投资方式,不分行业。

在这篇访谈中,张丹华提到了特斯拉。在写下这篇文章的时候,特斯拉的市值已经突破了一万亿美元,是一只百倍股。但张丹华说过,大部分人不理解特斯拉的价值,他们是根本拿不住的,中间有无数的波动,甚至一度有公司破产的传闻。确实,我身边有无数人买过特斯拉,但能长期拿住赚大钱的凤毛麟角。所以我特别喜欢一句话:因为相信,才能看见。科技股投资要看见未来,但内心不相信,是看不到未来的。

## 科技股投资符合价值创造的本质

**朱昂：** 你一直专注在科技股投资，能否谈谈你是如何看待科技股投资的？

**张丹华：** 科技股投资有好的部分，也有不好的部分。我先说说比较好的部分。

科技股投资是一个真正能够把蛋糕做大的过程。我们学金融的都知道，投资的本质就是价值创造，在能够创造价值的行业，投资的成功率一定是更高的。如果我们看全球过去几千年 GDP 的发展曲线，会发现在 17 世纪之前，全球经济的增长一直是一条很平坦的曲线，但是到了 17 世纪之后，这条曲线突然变成了一根竖起来的直线。背后就是发生了工业革命，带动的科技变革推动经济出现了指数级别的增长。

科技可以探索未知的世界。《人类简史》提到，科学不是知识的革命，科学是无知的革命。我们人类只有承认自己很无知，才会有永无止境的好奇心去探索这个未知的世界，才会有大航海时代，才会有互联网的发展，才会有人工智能以及各种各样的发明。对于一个投资人来说，正因为未来会比现在更美好，他才会在这个领域做投资。投资的本质就是放弃今天的消费去获得未来的收益。只有相信未来会更好，才能在投资上获得长期比较好的回报。

从这些角度看，科技股投资是符合投资本质的，但是我接下来要说说科技股投资不太符合投资本质的地方。

看国内市场过去 10 年的"投资大佬"，我们会发现从 2010 年开始，科技股投资的旗手就一直在变化。消费和医药的投资是比较长期和稳定的，但是科技股投资变化非常快，这个行业天然的不确定性和不连续性比其他行业要大很多。

投资这个领域天然就有四个方面的不确定性：①影响因素的不确定性；②相关关系的不确定性；③因果关系的不确定性；④未来事件的不确定性。这与物理事件的复杂系统有很大差别。比如宏观经济可能有几万个指标，到底哪些会影响市场是不确定的。大家分析市场的框架很接近，都用DCF模型，但是最后得出的结论完全不同。更重要的是因果关系的不确定性。比如今天尾盘跳水了，大家找了三个事情作为跳水的原因，但真的如此吗？未来是不确定的，我们永远不知道未来会发生什么"黑天鹅"事件，很多事情市场根本无法预测。

二级市场交易的不是它的现在，也不是它的未来，而是它的预期。为什么科技股波动那么大，股价经常暴涨暴跌？就是因为科技行业能够让你对未来的预期发生跳跃，这是传统消费品公司发展不具备的。

A股的科技股还有不连续的问题。每一个阶段的龙头公司都不太一样，这点也是和消费以及医药行业不同的地方。我的投资目标是获得四倍于GDP增速的复合收益率，大概就是一年25%。这个目标我认为是可以实现的，但是无法避免比较大的波动。

科技股投资有各种各样的不确定性和不连续性，那么投资框架中比较重要的一点就是提高投资的兑现度。

## 低换手率的科技赛道基金经理

**朱昂**：你认为如何提高在科技股投资上的兑现度？

**张丹华**：A股科技股的兑现度和两个因素相关：一个是经济自身的周期，另一个是上市公司的质量。拉长看，过去A股科技股的兑现度在1%～2%的范围内。目前我们看到比较好的一点是，上市的制度在发生变化，提高了上市标的的质量，我们有越来越多高质量的公司上市。随着可选样本数的提高，会有越来越多的科技股能够长大。科技股的投资，不再是比谁胆子大、干得猛，而是通过对公司基本面的深度研究提高兑现度。

我研究海外科技股公司时发现，有一大批公司从五亿美元市值起步，做到了200亿美元以上，利润的年复合增速达到25%。只有出现一批利润能够持续增长的科技股，才能实现更好的投资状态。

企业价值的创造是投资收益的主要来源，无论是价值股、成长股、还是科技股，都是如此。价值创造需要时间作为载体，无论是投科技股还是价值股，是不是时间的朋友只要看换手率就可以了。如果一年的换手率有好几倍，那么何谈做时间的朋友。

我管理的海外基金一年换手率在15%左右。低换手率是一个结果，需要我们在投资上足够有前瞻性。投资是概率和赔率的结果，提高投资成功的概率，一方面需要市场整体有一个较高的兑现度，另一方面需要自己的选股水平比较高，比市场的兑现度更高。

我经常拿特斯拉举例子，大家现在都认为电动车发展前景很好，特斯拉是电动车行业中的颠覆性企业。但是特斯拉的股价在2013～2019年的六年时间内，几乎没怎么涨过。在这个过程中持有特斯拉是一个孤独的过程，每一个季度的财报如何解读？这个季度出货量好了，下个季度出货量差了，有时候还有人说公司要面临破产风险。到了500亿美元市值的时候，特斯拉已经有了大众汽车一半的市值，但是出货量只有两万辆，到底是不是泡沫？有前瞻性的研究，就是不基于股价的表现去看好或者看空特斯拉。如果特斯拉今天股价跌了一半,又有多少人会继续看好?

**朱昂:** 这个观点特别有意思,许多科技股投资者说要把握变化,而你看重的是变化背后的不变?

**张丹华:** 投资这个事情,就是要把握一些内生颠覆性的规律,不是说5G来了我们买5G,5G走了我们又不买了,而是理解变化背后最根本的规律。我在投资中有四个维度:方向、节奏、公司、估值。

回到投资的第一性原理,有不同信仰的人得到的结果是完全不同的。我认为的投资第一性原理是:股票是公司所有权的一部分,股票投资的收益主要源于公司的价值创造。

那么对于科技股投资来说,需要找到科技变化的底层规律来支撑它上层的发展。我们看过去100年科技的发展,确实有一些有规律的地方:

(1)基础理论都是在1900~1910年这十年里奠定的,包括量子力学、相对论。

(2)摩尔定律和梅特卡夫定律是支撑信息科技过去60年发展的底层规律。摩尔定律告诉我们信息处理倍增的规律;梅特卡夫定律告诉我们,网络的价值随着用户数平方的增长而增长,这是信息传输价值的规律。

(3)摩尔定律这条链演化出来泛数字化,把一切没有数字化的东西数字化;梅特卡夫定律这条链演化出来泛网络化,从互联网、云计算,到物联网、人工智能。

底层规律和上层发展,这两条思路构成了对投资不确定性探索过程中的主导思想。一个是辩证法,另一个是归纳法。第一性原理是纯粹的演绎法，把不需要的东西从投资体系中去掉，最后找到那个不变的东西。这是一种求因不求果的系统。

这个系统的"坏处"是，在不同的视角下，可能会收到不好的结果，这是第一性原理无法避免的问题。但是反过来，如果要在投资上把握短期的所有因素，这就会变成数据主义。数据主义的问题是，无法判断一个事情的确定性，那么"黑天鹅"的出现就会成为必然。历史一次次证明，当某个策略特别好、上涨速度特别稳定时，就会有人在上面不断加杠杆，最后直到"黑天鹅"出现，一把清空之前的收益。

所以我更加偏向用较长的时间把握最本质的因素，这就是我投资的第一性原理。

**朱昂：** 你是一个非常特别的科技股基金经理。科技股变化很快，所以大部分科技股基金经理的换手率比较高，你如何通过低换手率找到长期值得持有的科技股？

**张丹华：** 这个问题，我希望再过五年后能有一个更加深刻的回答。我谈谈自己目前的想法吧。

第一个是方向。我在科技股投资上是看10年、20年，甚至50年的，并不是看短期1~3年的投资机会。

第二个是节奏，把握节奏在科技股投资上尤为重要。按照我们对于科技周期的理解，把握科技股中不同方向变化的节奏。我们拿移动互联网为例，从智能手机的渗透率开始，当智能手机的渗透率达到30%以后，移动互联网的软件应用开始爆发。应用端先从最容易变现的手游开始，逐步渗透到各个领域，最后大家开始讲线上和线下结合（O2O），以及互联网金融等。节奏就是在大方向的基础上，把握

2～3年的变化。

第三个是公司。大部分投资者在看到一个科技的方向起来后，选择个股的标准会大幅度放松。我们许多人在看到一个方向会出现明确的爆发，但是找不到那么多优秀的公司时，大概率会在个股标准上放松，有些人可能会在一个赛道里面买了很高的比例。在公司的选择上，有六个维度：空间、竞争格局、盈利模式、管理层、成长性、市场预期。同时满足六个维度要求的机会极少，那么必然会在某几个维度上做出让步。换手率是一个结果，为什么许多人的换手率那么高，就是因为买的标的质量不够好，必须要换手。还是回到我们前面提到的兑现度上，我们要买3～5年能够兑现的品种，一年内能涨的未必是能真正兑现的公司。

一旦对于公司抱着长期持有的心态，看公司的角度就会变得不同，这时候公司盈利模式的重要性就会显著提升。我们要判断一家公司到底靠什么赚钱，是靠人、靠钱还是靠固定资产。这个能够从公司的ROE上做出判断，优秀的公司能够长期维持15%以上的ROE水平。这也是为什么我的组合对电子类公司买得越来越少了，因为大部分电子类公司的盈利模式并不算特别好。

看得长远，还会显著提高管理层的重要性。在面对各种变化时，不同的管理层会给公司带来不同的影响。中国一大批优秀的科技类公司，几乎无一例外地拥有战略眼光长远、执行力很强的管理层。

## 科技代表未来

**朱昂**：你看问题的视角很长，如何展望未来的科技股投资机会？

**张丹华**：短期的市场很难预测。说实话，要判断未来六个月甚至一年的科技股行情，我觉得意义不是特别大。

但是如果排除这些短期的不确定性，科技股投资未来五年大概率能创造出 20% 的年化收益率，这背后有一些确定性的变化做支撑。

第一个变化是，科技股的市值占比会越来越高。我们看到美国 TMT 市值占比已经有 35% 了，而且这是在亚马逊被算作可选消费公司的前提下。整个美股科技股加起来，占市值比重非常高，带动了美国这一轮指数的走强。我国未来科技股的市值占比也必然会越来越高。我认为创业板指数未来五年可能会跑赢沪深 300 指数，因为创业板指数的结构已经发生了变化，医药和科技加起来占比在 40% 左右。事实上，中国市值最大的公司过去几年一直是腾讯，只是并没有在 A 股上市。未来大家会看到优秀的科技股公司一个个在 A 股上市。

第二个变化是，科技股会成为大家必须投资的核心资产，因为大部分公司的价值创造是线性的，只有科技股的价值创造是非线性的。在达到了 100 亿美元的利润后，可能只有科技公司还能保持 25% 以上的利润增速。我们拿过去 10 年、20 年、30 年全球市值最大的公司的变迁来看，就能发现科技公司的非线性增长。

第三个变化是，未来的价值创造一定来自效率的提高，在很多领域，竞争到最后就是效率的竞争，那么科技这一类资产就能够创造很大的价值。互联网先是进入一个信息收集效率不断提高的过程，之后进入用户转换效率不断提高的过程。科技作为一种工具，在商业竞争上赋能了许多公司，推动了商业价值的不断创造。

**朱昂**：过去常青的科技股基金经理确实不多，你如何让自己成为一个常青的基金经理？

张丹华：首先，不要追求极致的短期业绩，组合搞得太"猛"容易承担很高的风险，一定要远离风险收益不匹配的机会。芒格说过，不要去那个会让你"死掉"的地方。

其次，尽可能让你得到的收益是自己应得的。我们刚开始做投资的时候，会发现市场的机会似乎很多。时间久了才明白，我们只能赚到和自己能力匹配的钱。我们要赚更多的钱，就需要有相匹配的能力。

最后，就是有了知还要有行。长期来看，能够存活下来的，无论是基金经理、资产管理公司、上市公司，还是投资理念，其背后的道理其实就是那些，只是大家要在各种约束条件下，将其落实到操作层面。

## 投资理念与观点

▶ 科技股投资是一个真正能够把蛋糕做大的过程。我们学金融的都知道，投资的本质就是价值创造，在能够创造价值的行业，投资的成功率一定是更高的。

▶ 科技可以探索未知的世界。《人类简史》提到，科学不是知识的革命，科学是无知的革命。

▶ 为什么科技股波动那么大，股价经常暴涨暴跌？就是因为科技行业能够让你对未来的预期发生跳跃，这是传统消费品公司发展不具备的。

▶ 科技股投资有各种各样的不确定性和不连续性，那么投资框架中比较重要的一点就是提高投资的兑现度。

- ▶ 企业价值的创造是投资收益的主要来源，无论是价值股、成长股、还是科技股，都是如此。价值创造需要时间作为载体，无论是投科技股还是价值股，是不是时间的朋友只要看换手率就可以了。

- ▶ 我更加偏向用较长的时间把握最本质的因素，这就是我投资的第一性原理。

- ▶ 摩尔定律和梅特卡夫定律是支撑信息科技过去 60 年发展的底层规律。

- ▶ 摩尔定律这条链演化出来泛数字化，把一切没有数字化的东西数字化；梅特卡夫定律这条链演化出来泛网络化，从互联网、云计算，到物联网、人工智能。

- ▶ 一旦对于公司抱着长期持有的心态，看公司的角度就会变得不同，这时候公司盈利模式的重要性就会显著提升。

- ▶ 未来的价值创造一定来自效率的提高，在很多领域，竞争到最后就是效率的竞争，那么科技这一类资产就能够创造很大的价值。

| 第 11 章 |

# 成长股投资的本质是赚推动社会发展的钱

**访谈日期：姚志鹏**

**访谈时间：2020 年 9 月 21 日**

2020 年，为了和姚志鹏访谈，我特意飞到了北京。此前我有很多访谈都是通过电话进行的，但身边的很多朋友都说，对姚志鹏需要当面聊。果然，此次见面没有让我失望。

姚志鹏本人和照片略有差异，穿着打扮比较随意，看着像随时要出差调研的样子。他身上有一种很强的"寻找十倍股"的精神，他告诉我在从业的经历中，他见证了许多涨幅在十倍以上的优秀公司，长期买入并持有这一批优秀公司，是能赚到钱的。当然，十倍股的成长不是一帆风顺的，中间会面临很多质疑，股价的波动也很大。所以姚志鹏认为，要想真正赚到钱，就要愿意去陪伴这些公司成长。这个过程会有快乐，也会有痛苦，但一定要在公司的身边。

在姚志鹏的性格中，我们看到了非常典型的成长股特质。他不断寻找变化，其底层的世界观认为只有变化才是这个世界不变的地方，只是不同变化的周期不一样，有些是几年变化一次，有些可能需要几十年。发现变化，把握长期的时代趋势，找到价值能成长的公司，是姚志鹏做投资最享受的地方。当然，仅仅自下而上思考的问题是容易忽视宏观变化，过去几年姚志鹏引入了ROE周期性指标作为过滤器，帮他过滤掉景气度在历史高位但很难判断持续性的行业。

在交谈中，我能够强烈感受到姚志鹏对于投资的热情，对于新事物和生活的热爱。他是一个热爱新事物的人，无论是新的社交软件、新的视频应用还是新的电动车、新的电子产品等，他都会尝试。"90后"和"00后"用的抖音、哔哩哔哩、小红书等，他都经常用。他还是一个喜欢做大量产业链调研的人，不断和产业一线的专家进行交流，用产业的视角去看待投资。

## 投资的本质是推动社会进步

**朱昂**：你如何看待投资？

**姚志鹏**：投资的本质是分享企业价值，在这个过程中，通过企业自身的成长，推动社会进步。金融的本质是一种资源配置的工具，那么作为一名基金经理，我们的工作应该是提高社会资源配置的效率。在市场里面通过交易或者博弈赚钱，短期三五年可能业绩不错，但是这个事情不可能长期化，要一直在市场中活下去，终究会被证伪。我们投资的长期业绩，必然要回归到企业价值。

我对做投资有一种很强烈的热情，不断研究和发现新事物真的特别有意思。只要看到新的变化，我就会主动去研究，并且从中找到能够推动社会发展的优质公司。我曾经挖掘到一只大牛股，看着这家公司的创始人从一个端着羊汤泡饭、许多基金经理都看不上的普通人，变成了2000亿元市值公司的老板，也成了推动这个时代进步的核心民营企业家之一，这是投资中非常有意思的地方。

**朱昂**：所以你最享受的是公司价值成长的过程？

**姚志鹏**：是的。我们其实在把钱交给公司，推动好公司获得融资，这才是金融市场的本源。如果大家都靠交易赚钱，不真正创造社会价值，那么今天股票市场就不会存在了。投资要回归第一性原理，把钱交给正确的人。这个挖掘过程的出发点是推动社会的发展。我长期关注新兴产业领域，希望在比较早的时候挖掘到优秀的公司。

## 赚大钱不靠景气度判断，而靠对伟大公司的价值发现

**朱昂**：在投资中，你希望找到那些能成长得很大的公司，那么如

何找到这些能够长大的公司,规避长不大的公司?

**姚志鹏:** 并不是每一家公司都能长大,能够长大的公司有几个特点:

第一,未来的空间比较大。空间决定了行业里面最大的公司的市值天花板,不能在特别窄的赛道里面去找。

第二,商业模式并没有那么重要,重要的是生意的方式,你要理解这家公司是怎么做这门生意的。

第三,行业竞争格局清晰。竞争格局越好,优秀公司能够挖掘的市场份额就越大。

第四,优秀的管理层很重要,比如今天的空调行业,放在许多年前并没有很好的商业模式,几乎每一个省都有一个空调厂,做的属于加工业,品牌识别度并不清晰。今天能有寡头垄断的局面,靠的就是优秀的企业家。识别出优秀的企业家,能够赚到价值发现的钱,否则赚的只是行业增长的钱。

我认为投资不能赚行业景气度超预期的钱,这里面运气成分偏多,你怎么能够比别人更好地判断行业的增速?况且,行业的景气度本身波动就很大,有时候高景气一段时间后,就会低迷一段时间。投资要有价值发现的能力,才能获得持续的回报。

我有个朋友,对于某消费电子龙头的跟踪很紧密,对于什么时候订单增加、什么时候订单减少的了解,都领先于我们这一批 A 股市场的投资者。他会在订单要增加的时候买入,在订单要减少的时候卖出。然而最终的结果是,投资收益远远不如拿着不动。如果能够识别出这是一家有巨大价值的公司,公司的管理层非常优秀,那么长期持有获得的投资收益是最大的。

在投资上，我把精力放在最重要的事情上：识别价值能成长的公司。对于我来说，这也是投资最吸引我的地方。我会把大部分精力放在识别资产的价值上，而不是看着市场的热点来回交易。一旦识别出能长大的核心公司，就应该长期重仓持有，除非景气度和估值出现了明显的背离。如果景气度有比较长时间的下行，而估值还在历史很高的位置，就需要回避。

除此之外，识别能够长大的公司需要耗费巨大的精力，而且由于单一个股的买入上限只有10%，我们必须要扩大自己的能力圈，组合里面不能只有几家超级公司。

**朱昂：能够在一家公司上赚到足够大的涨幅，要拿得住，这取决于对公司的定价能力，没有定价能力就会不断上下车，你怎么建立对优秀公司的定价能力？**

**姚志鹏：** 定价能力来自对于公司和行业的认知，我做研究员以来，把主要的时间花在构建自己在这方面的认知上了，认知到了一定程度就会对核心公司产生信仰。看了那么多公司之后，哪家公司好，哪家公司不好，就有识别的能力。

投资不需要买那么多公司，只要把战略级别行业中的战略级别公司找出来就可以。这个不是简单和研究员聊一下，看看财报上面的估值就能识别的，需要自己对行业、对公司有足够的认知。

除此之外，对于战略级别的投资机会，我一定会跟董事长见很多面，对他的企业家精神和产业认知有充分信任。做投资，必须要跟大量产业里面的企业家交流，不是找一两个专家聊聊就行了。

我在做新能源行业研究员的时候，先看空了光伏行业一年。那时候只要基金经理买，我就建议立刻卖出，不要犹豫。在长期看空的状态下，我一直在和行业里面的企业家交流，这段时间给了我在行业低谷期观察这些企业家的机会。当时，我也在等待行业出现真正的拐点或者变局。

比较幸运的是，在 2012 年底我做基金经理的时候，行业出现了拐点，那时候我就在内部申请涨停板买入优秀的公司。因为在行业下行的过程中，我已经识别出谁是比较优秀的公司，一旦行业问题解决，公司的价值成长曲线就能看得比较清楚。当时一家太阳能龙头公司在短期涨了 30% 之后出现了一个正常的回调，我就跟其他基金经理说，这是最后上车的机会了。回头看，这家龙头公司至今涨了几十倍，其他公司至少也涨了十倍。

包括在 2019 年某电动车电池龙头公司出现百亿规模天量解禁的时候，我也不感到恐慌。因为在过去研究苹果产业链的时候，我已经看到了高端制造业的发展方向。中国的高端制造业从原来一穷二白的状态，变得具备全球竞争力。

## 底部敢下手，是因为看得深

**朱昂：** 你在投资中非常看重管理层，你如何建立看人的能力？

**姚志鹏：** 这和我的从业背景有关，我在进入金融行业之前，在实体企业干过很多年。我从北京大学毕业之后，就进入一家半导体材料企业，还在韩国工作了几个月。当时把海外企业各种和生产管理、运营相关的文件都看了一遍，并负责筹建了这个企业在中国区的第一个工厂。

后来我去了全球最大的玻璃企业康宁，他们当时拥有全球大约60%的市场份额，有极高的净利润，完全压制当时日本的竞争对手。但我还是希望能够改变一下，后来就进入了金融行业。

我在实业工作的时候，见了许多民营企业家，逐步构建了一种"看人"的能力。我会保持和管理层一定的沟通频率，看管理层表达的一致性。如果管理层的观点老是漂移，那大概率不是很好的管理层，说明对行业没有深度的认知。历史上让我赚过大钱的公司，我都跟踪了管理层很多年。

我很喜欢和管理层沟通，一方面和做实业的人交流能增加自己的行业认知，另一方面这也是不断比较不同管理层的过程。我在同产业链里面的不同管理层都沟通一圈后，大概就能知道谁是这个行业里最优秀的。

优秀的管理层是很重要的安全边际。许多牛股能拿得住，正是因为对公司的管理层有了充分的认知。

**朱昂：** 我看到确实许多股票你是在底部买的，但是在底部买其实会有一种不安全感，因为身边未必有伙伴，你如何消除这种不安全感？

**姚志鹏：** 我觉得这种在底部买股票的不安全感会给我带来鞭策，强迫我一定要把研究做深。在底部买一个品种，不可能每天睡得安稳，不安全感和焦虑会存在。

从人性的角度出发，我们都希望买完一家公司之后就天天涨。可惜，这基本上是不可能的，基本面研究无法让我们买在价格的最低点，只能告诉我们一个底部区间。那么很可能在我买入之后，股价会继续下跌。这时候我就会对公司的价值判断进行更深入的思考，包括对公司进行360度的全方位调研，不仅要和上下游沟通，还要和公司的竞争对手沟通，甚至和不看好公司的人沟通，思考对方看空的理由是否合理，有什么风险点被我忽视了。投资不能陷入自我主义，因为没有人是先知，过度自我迟早有一天会受到打击。

## 投资的不变就是变化

**朱昂：** 但是投资很容易过于自我，你怎么看这个问题？

**姚志鹏：** 客观对基金经理很重要，客观是帮助我们持续构建能力的重要因素。每一个基金经理都有自己特定的能力圈，对一两个行业特别熟悉，在这几个行业有表现的时候，业绩就容易非常好，从而形成路径依赖。在不知不觉中，这个基金经理可能就在内心构建了一堵墙，在一个很小的世界里面，不停来来回回、兜兜转转。可能基金经理觉得自己在突破能力圈，其实并没有。

投资要不断扫除自己的缺陷。我是理科生出身，不喜欢框架特别复杂。假设我的框架有五个驱动因子，每个因子的胜率在70%，看似已经很高了，但是互相一乘，期望胜率就很低了。框架尽可能简单，也是为了客观面对这个世界。所有学理科的人都知道，我们谈论的规律，只不过是一个区域内的解释，任何规律最终都是可以被推翻的。所以我们要客观地接受这个世界，尊重这个市场，不要想着有一个完美的框架解释这个市场。对于未来，要有一个开放的心态，或许未来会和我们想象的完全不同。

我会通过自己的感知，先从离我最近的三四个产业趋势入手，慢慢扩张对产业趋势的理解。如果未来有 20 个大的产业趋势，只要抓到几个，就能把业绩做得很好了。所以要去寻找生活中的投资机会，对生活保持热爱，不断寻找新的变化。

**朱昂：我发现你是一个非常喜欢变化的基金经理，一直在寻找变化？**

**姚志鹏：** 是的，我不相信有什么一成不变的事情，我相信不变最终可能会败给时代，只是不同行业变化的周期不一样。有些消费品也会发生变化，但这个周期可能是几十年，在一个基金经理的职业生涯中，是很稳定的。我们看到美国 20 世纪 60 年代的消费品牌，基本上就剩下一个可口可乐了，一代人有一代人的品牌。

既然所有的东西都会变化，那么就不应该在景气高点，以很高的估值去买。相信一家公司能够在景气高点持续很长时间，实际上是一种偏见。从钟摆理论看，在两侧的时间都不会太久。

基金经理能够把资产特别便宜和特别贵的时候识别出来，当然大部分时间资产价格都不会在这两侧。我们做投资的时候，不要进行超出我们能力范围的假设，比如假设负利率会持续很长时间。

**朱昂：许多人希望买市场已经选出来的龙头，但你更偏向独立于市场找到产业趋势下的赢家，那么如何确保你的判断能够有较高胜率、挑选出来的不是输家？**

**姚志鹏：** 你可以去追求一个刚刚拿了冠军的人，但是一定要砸很多钱，或者砸很多时间。你去追求一个刚刚参加比赛的人，可能投入不用多大，如果对商业模式有深刻理解，你就知道这时候的安全边际是很高的。

我买这些公司的出发点，是愿意以丧失流动性的代价去买。也就是说，即使有一天证券交易市场取消，全部改成一级市场这种线下一对一的交易，我也愿意以今天的这个价格去买。有些人买一家公司，就是在赌流动性。

即便未来不可预测，我还是倾向于用长期眼光去做这样一笔投资，买入并持有一家公司5~10年的时间。未来五年会发生许多我们说不清楚的事情，但是对有些事情还是可以提前做出判断的。

## 用周期眼光看 ROE 变化

**朱昂：** 你的这套方法在过去几年有没有遇到一些什么挑战，比如规模变大会不会带来挑战？

**姚志鹏：** 我的投资框架并没有因为规模的变化出现很大的调整。过去我遇到最大的挑战来自过于自下而上，那时候会忽视一些宏观层面的风险。比如2018年光伏行业"531新政"的风险，这是许多企业家都没有提前预判到的。

这件事让我做了很多思考。我觉得肯定不能只投新能源领域，因为行业有周期性特征，不会永远有投资机会。但是盲目去投白酒、电子、医药或者其他我不熟悉的领域，这里面的风险又太大了。我也不能为了规避风险，把组合与沪深300或者中证500做对标，进行完全的分散，这么做得到的阿尔法是不够的。

部分基金经理不具备判断宏观的能力。既然没有判断宏观的能力,又怕出现宏观风险,我就用一些工具把宏观风险过滤掉。我目前用的是 ROE 周期框架工具,我会把目前处于历史 ROE 景气高点但不知道还能持续多久的行业过滤掉。我只找 ROE 刚进入景气改善期的行业,或者在景气度底部、有很大估值折扣的行业。我会用这套工具选择几个行业进行配置。

这么做的好处是,组合里股票的平均市盈率可能就是 20 倍出头,但又没有买一堆特别传统的旧经济行业,和用 60 倍市盈率买新经济行业的投资者承担的风险不同,也很适合大资金运作。

我最本质的投资目标,是希望重仓优秀的公司,陪伴这些公司成长。前提是自己在市场里面不死掉,那么就不能在行业上过于集中。

**朱昂:** 我觉得你看标的的角度很不一样,不是作为股票去看,而是当作企业?

**姚志鹏:** 我们的资本市场对企业增长的要求是挺高的,最好每年都有 20% 的增长。我在实业工作过,大部分企业对增长的 KPI 只有 10%。在实业做过就会发现,其实企业家自己都很难去做一些预测。

我记得 2009 年初在康宁的时候,我们内部天天开全球会议,我们老板的原话是:未来五年会是一片黑暗。没想到三个月之后,康宁就创造了 150 年历史中最好的单月利润。这说明连掌握公司所有数据的 CEO,都无法对未来做出准确的判断。

## 新能源汽车的核心是智能化

**朱昂:** 你对新能源很懂,有人觉得 2020 年会是太阳能和新能源

**汽车发展的元年，告别过去的补贴推动，你怎么看？**

**姚志鹏：**我一直认为光靠政府补贴的东西做不大，有很强的外部性，受到财政预算的约束，这会变成行业的天花板，也带有高度不确定性。真正能长成参天大树的行业，都是靠自己内生成长起来的。

太阳能领域的本质是代替传统能源，这是一个隐含巨大空间的市场。在全球能源中，太阳能已经成为最便宜的能源。这个行业在2020年或者2021年会结束此前的高速成长，进入一个格局稳定的阶段，但是行业的现金流会有比较大的改观，龙头公司的竞争优势会变得越来越明显。从替换空间上看，全球可再生能源对传统能源的替代大概还有15~20倍的空间，空间还是比较大的，未来应该是慢慢实现的过程，可能不会再出现每年50%的行业增速。

新能源汽车确实进入了新的元年，这和我们2014年讲的新能源汽车元年不一样。那时候以电动大巴为主，这一次是乘用车的电动化，我们看到渗透率在显著提升。在渗透率过低的时候，大家对于新事物不容易达成一致，有些人乐观，有些人觉得就是炒作，所以估值波动很剧烈。

现在我们看到欧洲的渗透率已经到了10%，中国2019年的渗透率突破了5%，到了2021年某个时间点，可能就会突破10%。这意味着十个人买车，就有一个人会选择新能源汽车。买的人越多，扩散效应就越大，渗透率会加速上升。

过去新能源汽车的发展围绕技术路径，日本人做低混，欧洲人做深混，路线不统一。这一次我们看到，推动新能源汽车发展的，并不是环保或者油耗，而是汽车的智能化，这是汽车未来发展的必由之路。这一浪潮是由消费端驱动的，会带来螺旋式上升，成为一个大级别的趋势。目前是全行业都有贝塔机会的阶段，三五年之后，细分的商业模式和产业格局就会变得更加重要。

越往后，智能化就会变得越重要，包括人工智能、智能驾驶，会有很多新的东西出来。这是一个以十年为维度的投资机会，会不断滚动下去。

所以两者比较看，光伏肯定会变得越来越稳定，也越来越传统，最终成为一个传统行业；而新能源汽车的大浪潮刚刚起来，虽然特斯拉占据了一个很好的身位，但不意味着特斯拉一定会赢。

**朱昂**：你比较看好新能源汽车的大趋势，那么产业链里面你比较看好哪个方向？

**姚志鹏**：我觉得整车投资更多是冲浪型投资，不管怎么讲，车卖不出去就可能面临破产。整车企业，除了特斯拉以外，很难判断谁是最终的幸存者。在自动驾驶从 L3 到 L5 的过程中，车企也可能会掉队，掉队以后就不能成为最终的幸存者了。

我比较看好电池，行业格局很清晰，企业的竞争优势比较明显。上游锂和钴的价格弹性意义不大，有色金属的产品同质化比较严重，集中度很难提高，矿山的产能释放周期是偏长的。我们看到过去十年消费电子的周期，也没有拉动上游的价格。

## 如果不做基金经理，会去做旅游博主

**朱昂**：在你的投资生涯中，有什么飞跃点或者突变点吗？

**姚志鹏**：2018 年是比较重要的一年，此前我并没有意识到系统性风险带来的波动性，这让我系统性回顾了深度挖掘个股的方法论有效性的问题。后面就衍生了用 ROE 周期这样一个工具来过滤掉宏观风险。

过去我觉得只要自下而上研究足够深入，就能挖掘到一些伟大的企业，但忽略了宏观层面带来的行业波动。这种风险无法预判，只能用一些工具进行过滤。并且在行业配置上做到更加精细，最好组合里行业的波动能互相对冲。最优的方法是实现行业中性，完全靠个股的阿尔法取得收益。

**朱昂**：这样做之后，持有人的体验也会更好吧？

**姚志鹏**：的确如此，重要的前提是能够理解这些行业，不是用一种量化手段做投资。风险的对冲来自对行业规律的熟悉。

**朱昂**：如果你不做基金经理，你会做什么？

**姚志鹏**：其实我比较喜欢做一个旅游博主，之前也在抖音上尝试过拍视频，已经有 40 多万的播放量。我发现到处旅游、写写点评、品品美食很有意思，也很自由自在。

## 投资理念与观点

▶ 投资的本质是分享企业价值，在这个过程中，通过企业自身的成长，推动社会进步。

▶ 投资要回归第一性原理，把钱交给正确的人。

▶ 如果能够识别出这是一家有巨大价值的公司，公司的管理层非常优秀，那么长期持有获得的投资收益是最大的。

- ▶ 优秀的管理层是很重要的安全边际。许多牛股能拿得住,正是因为对公司的管理层有了充分的认知。

- ▶ 我觉得这种在底部买股票的不安全感会给我带来鞭策,强迫我一定要把研究做深。

- ▶ 我是理科生出身,不喜欢框架特别复杂。框架尽可能简单,也是为了客观面对这个世界。

- ▶ 我不相信有什么一成不变的事情,我相信不变最终可能会败给时代。

- ▶ 如果未来有 20 个大的产业趋势,只要抓到几个,就能把业绩做得很好了。

- ▶ 我会把目前处于历史 ROE 景气高点但不知道还能持续多久的行业过滤掉。

| 第 12 章 |

# 把握产业周期、政策周期
# 与股票周期的三期共振

**访谈对象：刘平**

**访谈时间：2020 年 10 月 11 日**

在科技股投资的世界中，女性基金经理占比很小，因为科技股投资需要花大量的时间进行调研，对前沿的技术保持敏感，这都是男性比较天然的特点。相比之下，女性基金经理大多存在于消费和医药行业，在前者上女性对男性有天然优势，后者需要基金经理对产品有更加细致的测算，这也符合女性的优势。刘平就是一名科技行业的女性基金经理，她的业绩丝毫不亚于男性，管理的海外互联网产品一度在三年中排名全市场第一。

刘平在北京，我们的访谈是通过电话进行的，但效率和当面聊没有任何区别。她很直率，一股脑把投资的方法论都说了，以至于文章发出去后，她半开玩笑说，许多朋友给她私信，都说她"有点傻"，讲了太多体系的内核。但她认为，既然做一次分享，就没有必要遮遮掩掩，如果投资体系的分享能让别人受益，也是一种价值创造。

刘平是一个具有极强国际视野的基金经理，通过产业周期、政策周期、股票周期的三期共振，建立了一套可持续的投资框架。她认为产业周期是最重要的，背后是经济结构的变化，最终会反映到市值结构上。而政策周期是A股投资不同于其他市场的地方。

在组合构建上，刘平认为既要控制回撤，又要保持一定的锐度。她会通过两大核心盘和四大轮动盘实现这个目标。核心盘对应To B的产业互联网（以云服务SaaS为主），以及To C的移动互联网（以垂直类互联网为主）。轮动盘是将TMT板块的细分行业进行分拆，阶段性进行超配和低配的轮动，匹配短期的行业爆发力。

刘平专注于TMT行业的投研13年，5年研究、8年投资，她告诉我们，过去几年最让她兴奋的莫过于找到了科技行业中具有稳定盈利模式的云服务SaaS行业。商业模式的稳定能够给组合的表现提供稳定性。况且，云服务SaaS企业还有提价能力，这一点是科技行业中非常稀缺的。

刘平还会用一份"检查清单"记录自己过去的错误，避免踏入"同一条河流"，减少犯错，也能够帮助自己持续优化投资框架。

## 三期共振的投资框架

**朱昂：能否先谈谈你的投资框架？**

**刘平：**我的投资框架是，通过对产业周期、政策周期与股票周期三期共振的理解，建立自己的择股与择时体系，以追求风险调整后可持续的回报。

首先，我们说说中间的政策周期。A股市场的一大特点是受政策影响大，那么在A股投资的时候，不能不考虑政策，这也是A股市场区别于港股和美股这样成熟资本市场的地方。比如在2019年11月，我们看到再融资征求意见稿⊖出台，到2020年2月就直接落地了。这个政策释放了很重要的信号：资本市场深改推进，再融资是A股的重要催化剂，资本市场的融资功能一旦放开，管理层就有更强的意愿去释放业绩。这个政策背后是管理层对资本市场的支撑，推动了风险偏好的整体上升，再结合疫情带来的全球央行大放水，形成了估值的大幅抬升。这就是政策周期对A股市场产生的影响。

其次是股票周期，在熊市的时候要回避系统性风险，在牛市的时候要增加组合的弹性。我们做投资，要叠加对股票周期的认知。

最后，最重要的是产业周期。股票的变化，最终跟随着产业周期，反映的是整个经济结构的变化。影响股票市场的核心要素是经济结构的变化。产业周期对资本市场的影响，就是经济结构的调整，对应到股票市值占比的调整。2009年，整个TMT板块的市值占比在3%左右，然后用了差不多10年的时间提高到13%。我们看美股和

---

⊖ 2019年11月8日，证监会就修改《上市公司证券发行管理办法》《创业板上市公司证券发行管理暂行办法》等再融资规则公开征求意见。

港股，TMT市值占比都在30%以上。所以一个大的产业周期，反映到股市中，就是市值结构的变化。

我们作为投资者，需要判断哪些产业处于向上的趋势，在投资上做更多的仓位暴露。在我的投资框架中，产业周期在最底层、最核心的位置上。在这个基础之上，再去考虑A股特殊的政策周期和任何市场都需要考虑的股票周期。通过对于三期共振的理解，建立自己的择股和择时的体系，获得可持续的投资回报。过去A股科技基金经理的主要问题是投资回报的波动性比较大，我希望通过这个体系，降低投资回报的波动性，让我的回报可持续性更强。同时持有龙头股和适当分散的子行业配置都是帮助我控制回撤的方式。

**朱昂：那么你怎么判断产业周期的方向？**

**刘平：**我会从点、线、面三个维度判断产业周期的方向。

通过和上市公司管理层交流，从一个个点中了解行业发展的方向。上市公司的董事长都是沉浸行业几十年的专家，肯定比我们更了解行业的动向是什么。通过和他们交流，了解他们对于产业趋势的把握，能够给我们带来一些有前瞻性的提示。

看一些类似于Gartner或者第三方产业研究机构的报告，看看能否把一个个点连成产业发展的曲线，形成点线共振。

基金经理和研究员通过深度基本面研究，对企业的观点进行上下游的交叉验证。比如通过和上游供应商交流，看看他们是否同样有订单的大幅增长。上下游的交叉验证能够帮助我们判断点和线是否正确。

我举一个具体的案例，过去几年我们通过研究，看到了云计算这个向上的产业。云计算的底层是 IaaS[一]，中层是 PaaS[二]，上层是 SaaS。我认为即便看好云计算，也不能把里面的 IaaS、PaaS 和 SaaS 都买了。通过研究发现，这个产业里面最好的是企业级服务 SaaS。

当时我们去美国硅谷调研，发现 SaaS 是整个云计算领域增长最快的部分，而且在每一个细分行业都能找到市值比较大的龙头公司。相反，在 PaaS 领域就只有两三家公司能做大，许多公司最终被上游的 SaaS 公司或下游的 IaaS 公司收购了。我们在选出云计算这个产业方向后，再通过研究挑选出细分赛道的 SaaS。

由于我管理的产品是一只 QDII 加 A 股的基金，在找到产业方向后，我希望投的是这个产业中最优质的公司。过去我们只能投 A 股的时候，经常面临一个困扰：许多 A 股科技公司的质地比海外公司差很多。我通过研究美股最优秀的公司，了解好公司的技术投入方向与商业模式，就能知道这个领域真正优秀的公司长什么样子。

通过研究 ServiceNow、Salesforce、Veeva 等 SaaS 公司，我们前几年就在港股重仓了一家类似的公司。我们会做大量的跨市场对比，从海外优秀公司的身上，理解中国这些优秀科技公司的商业模式。

## 个股选择最看重盈利模式的稳定性

**朱昂：** 你在个股选择上会看重哪些因素？

**刘平：** 我有一个五要素选股模型，这个模型是我通过自己过去十几年的投研经历不断积累起来的。五个要素分别是：稳定的盈

---

[一] 基础设施即服务。
[二] 平台即服务。

利模式、较高的护城河、有定价权、优秀的管理层、大市值和小公司。

在做投资的初期,我并不理解稳定的盈利模式有多重要。早期A股的科技公司基本上采用的都是项目制模式,收入的波动性很大,这类公司的占比可能在95%以上。直到我研究了海外的云计算公司,才真正理解什么是科技中的稳定商业模式。海外SaaS公司的续约率高达80%以上,这对于过去只能投项目制公司的科技基金经理来说,是无比巨大的吸引力。

过去科技基金经理更多是买增长,不是买商业模式。今天,我看到了SaaS公司的商业模式稳定性:客户采购了财务管控服务后,又会采购人力资源服务,还会采购供应链和项目管理服务。在公司的同一个平台上,业务流、数据流和人流都沉淀了下来。这意味着平台的巨大黏性,带来的商业模式稳定性超越了大部分科技股。

比如我前面提到的重仓的港股SaaS公司,就是通过累计十几亿元的研发投入,形成了很强的壁垒。公司拥有上万个中小微企业用户,续费率在85%以上。这些客户资源就是通过技术壁垒形成的护城河。沿着这个特点往下,我又在A股找到了类似的公司。在我的成长股投资中,我最看重的部分就是盈利的稳定性和可持续性。

定价权也是我非常喜欢的要素,有定价权意味着ROE能够持续提升。由于科技公司本身的边际成本很低,甚至几乎为零,那么一家公司的提价,反映在收入上,很可能全部转化为净利润。定价权是科技行业非常稀缺的特征,因为整个科技行业受摩尔定律的影响,硬件价格是不断下降的。在SaaS公司上,我们第一次看到了科技公司的定价权,在提价之后基本上没有什么客户流失。

做基本面研究的基金经理都很看重 ROE。一旦公司通过提价带来了净利润水平的上升，就会对应到 ROE 的提升。无论是在科技还是消费领域，优秀的公司总能够将 ROE 保持在一定水平之上，并且还有提升的可能性。而且 SaaS 公司在发展稳定后现金流会非常好，这在项目制公司里是很难看到的。我们做基金经理做久了，最终和公司实控人一样，非常注重现金流。

优秀的管理层、大市值和小公司也很有用，虽然重要性不如前三个要素。在管理层上，我一直奉行"积极股东主义"。我特别愿意和上市公司的董事长交流，提供一些二级市场基金经理的视角作为参考。我希望公司的管理层能和我们这些小股东的利益一致。比较好的股权结构是不仅创始人有股权，公司的中高层也都能持股。

在大市场和小公司方面，如果一家公司处在很大的市场，渗透率还比较低，并且处于渗透率提高的过程中，那么就更容易成为彼得·林奇所说的十倍股。

## 通过细分行业的轮动，保持组合的锐度

**朱昂：** 那么在具体的组合构建上，你会怎么做？

**刘平：** 在组合构建上，我这几年基于 2016～2018 年的各种经验教训，做了一些优化。每年年底，我们公司都会有基金经理内部的总结会，大家会总结具体投资实操上面的经验教训，这些总结对我们优化投资框架带来了比较大的帮助。

A 股市场的风格变化很大，有时候价值占优，有时候成长占优，一个成长股基金经理要适应不同风险偏好的市场。比如 2018 年市场

的风险偏好很低,科技基金整体跌幅在30%左右,我的产品大约下跌了15%。那一年我就想得比较清楚,在成长股整体不占优的背景下,要躲到哪里去。作为成长股基金经理,我们可能会躲到三类资产中:现金类资产、低估值的银行地产、具有防御性的成长股。前两类资产对于一个内心乐观的成长股选手来说,并不是特别适合,有可能会有价值陷阱,况且我也不希望出现风格的漂移,那么比较好的做法就是找到成长股中的避险类资产——具有防御性的成长股。

我把科技成长股分为两类:一类是低估值的,PEG 在一倍以下的白马龙头股;另一类是高估值的,PEG 在两倍以上的新兴成长股。比如有些科技股每年大概有百分之十几的业绩增速,估值在 15 倍左右,也没有杀估值的空间。那么在成长股风格不占优的市场中,我会把主要仓位放到这类具有防御性、估值下行风险不大的股票上。当市场的风险偏好上升时,我会适当增加组合的弹性,组合对于第二类 PEG 大于二的新兴成长股会增加暴露。

由于我的产品既可以投 A 股,又可以投港股,还可以投美股的基金,我在构建组合的时候会做好跨市场和市场内的再平衡。跨市场的再平衡主要依据产业趋势来做,根据一个细分产业中的优秀公司在哪个市场更多进行投资,并不是根据三个市场的大盘走势进行配置。

市场内的再平衡是我非常重视的。虽然许多人并不喜欢相对排名的机制,但我们作为公募基金行业的从业人员,必须尊重市场的规则。科技基金既要保持基金的稳,又要有一定的锐度。我用一个行业强化的轮动策略,把 TMT 按照计算机、电子、传媒、通信和互联网这几大行业进行了分类。每年我们都会看到,TMT 细分子行业的表现差异比较大,我会把仓位放在看好的细分子行业中进行轮动。比如 2020 年计算机板块的表现远好于电子，电子又远好于通信、传媒，我就对看好的两个细分子行业进行了充分投资。这种轮动策略能让组合保持一定的锐度。

## 科技行业的护城河来自基础设施

**朱昂**：讲完了完整的框架，能否对你有前瞻性的产业趋势判断，举一个具体的案例？

**刘平**：我去调研公司并和董事长交流的时候，一般会问他们一个问题：您所在的这个行业，过去几年发生了什么样的变化？通过和这些长期耕耘在行业内的公司董事长交流，能够了解一线的产业趋势变化。

在我的公开持仓信息中能看到，我持有一家港股的游戏运营公司。这家公司做游戏的应用社区，类似于游戏中的知乎或者豆瓣。许多中度和重度玩家会去这个应用社区找新上线游戏的用户评分，根据评分的高低来选择要玩的游戏。

我在和公司董事长交流时，发现游戏行业的产业趋势已经发生了变化。过去的游戏采用氪金模式，特征是高 ARPU①值、低付费率，二八现象很明显，少数头部付费用户贡献了主要的流水。现在游戏行业的趋势是低 ARPU 值、高付费率的模式，游戏的日活用户很多，玩家付费比例很高。比如最近几个月很火的手游《江南百景图》，就是在 TapTap 这样的社区平台发行的，仅仅几个月就获得了 900 多万下载量，日活用户是百万量级的。以后高 DAU②会成为游戏行业重要

---

① 每用户平均收入。
② 日活跃用户数量。

的发展特点。

对于产业趋势的前瞻性判断,并不是我一个人就能做到的,这非常依赖我们整个投研平台,包括公司投研团队的研究员和基金经理,以及一些外部研究支持。我觉得做科技股投资的人,要经常看一些外资行大卖方的深度报告,对于海外产业趋势的理解,能够给我们带来一些投资上的映射。此外,我们每年会有一两次机会去硅谷调研,了解最前沿的方向性趋势。

**朱昂:**你很看重企业的护城河,能否谈谈什么是科技行业的护城河?

**刘平:**科技行业最重要的护城河是技术。科技企业无非就是两类:To B 企业和 To C 企业。这两类企业都需要技术的投入建立护城河。比如 To B 的云服务企业,更多的技术投入能够使云原生产品更早推向市场,并且形成高续费率的用户黏性。再比如 To C 的互联网应用,类似于腾讯和淘宝,是在特定时代下,通过技术投入推出的满足用户的工具。再加上互联网有很大的爆发性,巨大的用户基数又形成了新的壁垒——用户资源壁垒。

还有一类壁垒是供给端的网络效应。比如某本地生活服务龙头公司,这家公司初期和竞争对手最大的差异来自三四线城市的 B 端供给。当我去三四线城市的时候,发现这家公司的 B 端供给远远超过竞争对手。很多在竞争对手 App 上找不到的外卖餐厅,在这家公司的平台上都有。我把这种壁垒定义为互联网的基础设施,包括 B 端商家供给和外卖快递小哥,形成的壁垒体现在客户的体验上。

**朱昂:**你正好举了这家本地生活服务龙头公司的案例,我从公开

**的持仓信息中也看到你重仓了这家公司，能否谈谈背后的原因？**

刘平：第一，我非常欣赏这家公司的创始人，看过一本关于他的书《九败一胜》。他的创业历程不是一帆风顺的，经历了很多失败。他总是在看海外最新的商业模式是什么，不断尝试将这些好的商业模式在中国落地。他的眼光是全球性的，他在创业过程中看了几百家公司的几百个模式，才筛选出自己的公司最终要走的路，并且边走边摸索、改进。他有很强的韧性，曾说过一句话："创新很难直接鼓励，只能鼓励尝试，甚至鼓励失败。"

第二，我看到了公司通过基础设施建立起来的护城河，形成了盈利的弹性。2018年，公司每一单的外卖还是亏钱的，到了2019年就实现了盈亏平衡，到了2020年每一单的盈利又翻倍增长。我们在一线城市的调研发现，这些城市的单均盈利已经是现有平均值的2~3倍。如果公司最终实现每单1元的利润，假设日均达到1亿单，那么这个盈利的弹性是很大的。

第三，在这个时间点买这家公司和在2011年买腾讯和阿里巴巴的逻辑是一样的，通过实现联结，形成互联网巨头。人与人的联结诞生了腾讯，人与物的联结诞生了阿里巴巴，人与服务的联结诞生了这家公司，人与信息的联结诞生了还没有上市的字节跳动。我还买了一家房屋服务公司，这家公司最近在美股上市了，无论是租房、买房还是其他相关的服务，都可以通过这家公司的App实现。

我买公司从人的需求出发，要看这家公司满足了人的什么需求。越是刚性的需求，越容易诞生互联网巨头。同时，我也很看重公司通过基础设施建立起来的护城河。这样的护城河比较"重"，不容易被竞争对手攻破。

## 相较于互联网大平台，更愿意买细分垂直互联网龙头

**朱昂：** 从你的公开持仓中，我发现你还持有一家美股上市的二次元文化公司，人们对这家公司的分歧也很大，能否谈谈你为什么看好？

**刘平：** 我觉得做科技股投资的基金经理要具备逆商，一定要多和年轻人去聊。我和我儿子交流的时候，就发现他经常上这个公司的网站。科技股投资就是买未来，我一定要站在年轻人这一边，买年轻人在用的东西，这也是我买这家公司最朴素的道理。

我重仓买入这家公司的时候，已经看到公司的商业模式被验证了。从一系列的内容看到，这家被叫作"小破站"的公司已经破圈成功了。比如2020年1月1日的跨年晚会，让大家发现"小破站"也有交响乐，不是只有简单的番剧，内容上呈现了多元化特征，不再是过去完全垂直的二次元文化公司。五四青年节的《后浪》让家长们看到，"小破站"也有正能量。发卫星让大家看到，它还是专业科技领域的运营高手。2020年我们看到，这家公司还有科技知识社区、生活旅游社区，在内容上不断横向拓展丰富。通过一系列的破圈，公司的MAU㊀大概率会超出之前的指引。这家公司成了一个垂直细分领域的龙头公司，是一家有上亿MAU的公司，不是只有几千万MAU的小平台。

**朱昂：** 我发现你买的很多公司都是细分垂直领域的龙头，这是为什么？

**刘平：** 我买的互联网公司都是垂直细分龙头，不是平台型公司。

---

㊀ 月活跃用户数量。

我觉得由于互联网的流量红利结束了,所有的用户已经被二次分发了,互联网用户的日均上网时长已经被更加精准地分散到个股细分垂直类应用中。如果不做垂直细分领域,就很难让用户沉淀更多的时间。

## 两个核心盘 + 四个轮动盘

**朱昂**:你怎么看估值?

**刘平**:估值中既有科学的部分,也有艺术的部分。

对于科学的部分,我会非常看重一家公司的现金流,不是那么看重静态的市盈率,我更喜欢用股价与经营性现金流比率(P/OCF)这个指标看公司,从中能看到一家公司的盈利弹性。有些公司的净利润并不高,是因为钱被投到了研发和经营上,一旦过了临界点,盈利的弹性就很大。

对于艺术的部分,我觉得估值是一个多方博弈的结果,那么在不同的流动性和市场环境下,公司的估值是不同的。从实际操作的角度出发,我会给公司设立三个目标价:第一个是当年的目标价,第二个是明年的目标价,第三个是长期的目标价。有些公司已经到了我的第二个目标价,一旦到了第三个长期的目标价,我一定会减持。

**朱昂**:展望一下未来,你看好哪些方向?

**刘平**:我未来几年最看好两大方向:To B 的产业互联网 SaaS 和 To C 的移动互联网巨头,即两个核心盘和四个轮动盘。两个核心盘是 To B 的产业互联网和 To C 的移动互联网。产业互联网的机会主要是企业级的 SaaS 云服务，移动互联网的机会主要是二次分发用户的垂直类企业。四个轮动盘是 TMT 中的计算机、电子、传媒以及通信与互联网。TMT 子板块各年的表现差异很大，我会把仓位放到我看好的 TMT 细分子行业上进行轮动。

四个轮动盘会辅助我实现组合的锐利度。我在轮动的时候，从阿尔法视角出发，通过对于细分行业的超配和低配，让组合能够更加贴近当下的市场。我即便再看好一个方向，也不会组合里面只有一个行业。

我觉得科技股投资就像走入了一个游乐场，到底是玩"旋转木马"，还是"云霄飞车"？"旋转木马"可以一遍遍坐，享受舒缓的音乐，就像是我的核心盘。我大部分时间会坐在"旋转木马"上享受美好的时光。"云霄飞车"很刺激，就像是我的轮动盘，可能短期会出现业绩的大幅度释放。

## 通过"检查清单"避免错误

**朱昂：** 在你的投资生涯中，有什么飞跃点或者突变点吗？

**刘平：** 我觉得 2016 年发行了一只基金是一次比较明显的飞跃点，因为这只基金有 QDII 的额度，让我有了全球投资的可能性。在此之前，我管理的组合都只能投资 A 股。

在此之前，我更多是基于兴趣研究美股，这个机会让我能够真正从投资组合的角度出发去研究美股。更多的海外视角能让我对科技领域的投资更有前瞻力，也让我发现好公司和坏公司之间的差距如此巨大。

对于我的影响是，我更加坚定自己投资好公司的想法，A股的仓位宁缺毋滥，不再去投一些商业模式不怎么好的公司。特别是看到许多海外优秀的公司估值并不高，那么对于A股并不那么好的公司，我就更不会用很高的估值去买。

我觉得这几年A股投资变得越来越集中，并不是抱团核心资产，而是用长期眼光做投资的人越来越多，大家只愿意和优秀的公司在一起。

**朱昂：投资中的超额收益需要我们不断进步，你觉得自己未来的进步会来自哪些方面？**

**刘平：**我觉得自己未来的进步会来自两个方面。

第一个方面是提升研究和认知的前瞻性。研究越有前瞻性，在这个方向的持仓就会越坚定。比如2016年我就很看好云计算，但那时候还处于构建行业认知的过程中，并没有一开始就全部下注。我投资有严格的纪律：不要让人性的贪婪和恐惧，损耗了前瞻性研究带来的收益。所以我一定会在能力圈里面做投资，不会因为别人的推荐就买一只股票。

第二个方面是通过自己的"检查清单"，不断优化投资流程，减少犯错。我把过去七年做投资的种种经验教训，做成了一个"检查清单"。每一次我做决策的时候，都会去看一下这个清单，避免犯同样的错误。芒格说过一句话："如果我知道自己要死在哪里，我就不去这个地方了。""检查清单"就是我的投资铁律。

我举几个例子吧。我以前有一种"死法"叫作"长尾仓死"，就是组合里面的长尾仓会把主动研究的收益吃掉。当时内心里总是不想错过各种机会，经常会买一些占 0.5% 仓位的长尾品种，最后看效果并不好。

还有一种"死法"叫作"追高死"。大家都说牛市重趋势，熊市重质量。基金经理也是人，在牛市中会受到情绪影响去追高。追高一定会降低收益率，这是一个很朴素的道理，但需要牢记。

还有一种"死法"叫作"惯性死"，第一年超额收益很高的股票，第二年一定要审慎评估，不能用惯性思维去看待公司的业绩增速。二阶导数一旦出现变化，对于这类公司的杀伤力是很大的。

通过这个"检查清单"，我就不会再去自己"死"过的地方了，通过降低投资的错误，优化最终的收益。

**朱昂：你是一名成长股选手，当你思考未来的时候，什么事情会让你兴奋？**

**刘平：** 现在最能让我兴奋的，就是找到了具有稳定商业模式的科技公司。把商业模式比作金字塔，我会把公司根据商业模式分为四层，最底层的是项目制公司，过去大部分 A 股的科技公司都在这层。再往上是产品型公司，再上去是平台型公司，在最高层的是生态型公司，这就是商业模式的金字塔。我会把每一家公司都安排在相应的楼层，每看一家公司就会问自己该安排它到哪一层。科技行业和许多行业不一样，迭代非常快，每十年龙头就会换一波。我很喜欢的一本书是《创新者的窘境》，讲的就是在每一次破坏性技术变革中，被颠覆的都是此前领先的公司。

今天，我找到了商业模式稳定的云计算 SaaS 公司，这是最让我兴奋的事情——能够找到科技领域好的商业模式。

**朱昂**：如果不做基金经理，你会做什么？

**刘平**：如果不做基金经理，我想去做教育，不管是简单到只是教育我自己的孩子，还是有机会去服务更多的人，我都愿意去做。我觉得教育是一件对社会有价值的事情，如果不能做老师去教更多的孩子，就用时间把自己的孩子教好。我们看到，每一个时代顶尖科技公司的诞生，都是综合国力和社会发展水平的体现，这种体现背后又和国民的教育水平挂钩。一个国家的教育水平决定了综合国力。如果不做基金经理，我希望能够在教育上创造社会价值。

## 投资理念与观点

- 我的投资框架是，通过对产业周期、政策周期与股票周期三期共振的理解，建立自己的择股与择时体系，以追求风险调整后可持续的回报。

- 股票的变化，最终跟随着产业周期，反映的是整个经济结构的变化。影响股票市场的核心要素是经济结构的变化。

- 我会从点、线、面三个维度判断产业周期的方向。

- 我有一个五要素选股模型，五个要素分别是：稳定的盈利模式、较高的护城河、有定价权、优秀的管理层、大市值和小公司。

- 我用一个行业强化的轮动策略，把 TMT 按照计算机、电子、传媒、通信和互联网这几大行业进行了分类。我会把仓位放在看好的细分子行业中进行轮动。

- 我未来几年最看好两大方向：To B 的产业互联网 SaaS 和 To C 的

移动互联网巨头,即两个核心盘和四个轮动盘。核心盘是 To B 的产业互联网和 To C 的移动互联网。产业互联网的机会主要是企业级的 SaaS 云服务,移动互联网的机会主要是二次分发用户的垂直类企业。

▶ 现在游戏行业的趋势是低 ARPU 值、高付费率的模式,游戏的日活用户很多,玩家付费比例很高。

▶ 由于互联网的流量红利结束了,所有的用户已经被二次分发了,互联网用户的日均上网时长已经被更加精准地分散到个股细分垂直类应用中。如果不做垂直细分领域,就很难让用户沉淀更多的时间。

▶ 我把过去七年做投资的种种经验教训,做成了一个"检查清单"。每一次我做决策的时候,都会去看一下这个清单,避免犯同样的错误。

▶ 今天,我找到了商业模式稳定的云计算 SaaS 公司,这是最让我兴奋的事情——能够找到科技领域好的商业模式。

| 第13章 |

# 拆分投资链条，在高胜率部分下功夫

**访谈对象：屠环宇**

**访谈时间：2021年1月29日**

屠环宇是清华大学的"学霸"，高考数学满分，还拿过清华大学本科特等奖学金和五道口金融学院院长奖学金。我有一个朋友（也是一名基金经理）和屠环宇毕业于同一所高中，她告诉我，在这所东北最牛的高中里（每年有大量学生考入清华、北大等一流学府），屠环宇都是一个传说中的人物。

屠环宇非常聪明，许多问题一点就通，而且能用很简单清晰的逻辑回答。像这种从小就自带"主角光环"的人，我特别好奇为什么毕业后会选择进入资产管理行业，通常这样的学生还没毕业就拿着一堆顶尖公司的录取通知书。屠环宇告诉我，毕业后他毫不犹豫地选择了今天的这家公司，进入了资产管理行业，因为这个行业特别有意思，可以接触到许多优秀的公司和企业家。

屠环宇属于新一代科技基金经理的典范，很多产品他都会亲身体验。比如，他在研究一家外卖公司的时候，亲自做过送外卖的骑手。通过这个经历，他了解了一名骑手送外卖的流程，这个过程帮助他更好地理解了该公司的商业模式。能够和顶尖互联网公司的创始人交流访谈，也能够戴上外卖头盔，亲自送黄焖鸡米饭，屠环宇既能"上天"，也"接地气"。他真的把自己作为用户，从用户体验的角度去看科技产品的价值和商业模式。他身上没有什么博弈思维，他代表着新一代基金经理的精神面貌。

记得2020年高考的时候，屠环宇当年的故事又被人翻出来：明明当年保送清华了，但他还是选择参加高考，最后数学考了满分。他确实属于那种天赋特别高、读书不完全靠死记硬背、理解能力很强的年轻人。这样的年轻人确实是一块"好材料"，相信给予充分的时间成长，未来会成为一名更优秀的成长风格科技基金经理。

## 把握高胜率的产业方向和个股选择

**朱昂:** 请你先做一个简单的自我介绍吧?

**屠环宇:** 我本科就读于清华大学电子工程系,研究生就读于清华大学五道口金融学院。2015年毕业后就来到了华夏基金,最开始看的是计算机行业,2018年后陆续覆盖了港股和海外的科技领域,比如互联网、云计算等。2019年之后逐渐开始学习通信、电子、新能源等,总体上还是聚焦在科技这个领域。2018年我开始参与一些实盘的投资决策,2019年成为基金经理助理,2020年初担任基金经理。

公司一直提倡大家以行业或产业作为研究的基本单位,而不是局限在A股市场。所以我们从最开始就会学习和研究很多港股、中概股公司,包括很多全球的软件和互联网龙头,甚至会接触到很多一级市场的创业公司。这也让我从一开始就偏好从全球的视角看产业的商业模式和发展规律。

**朱昂:** 能不能讲讲你的投资方法?

**屠环宇:** 如果把一个完整的投资链条做一个简单拆分,可以分成仓位的判断、行业的配置、具体细分产业方向的配置、个股的选择、基于市场和估值的交易。

在这五个环节中,仓位的判断与基于市场和估值的交易可能是难度最大的,也是绝大部分人的弱项,往往事与愿违,给自己的业绩造成负面影响。所以,我在实际投资中会尽可能在研究上少犯错,在仓位判断和交易上降低频率,提高胜率。

其次,对于行业的配置,我不倾向于做短期行业轮动的决策,而是希望选出长期投资回报最好的几个行业做持续超配。过去这些年来,不管是在美国还是中国,长期投资收益率最高的几个行业都是信息技术、生物医药和大消费。这也在一定程度上反映出,抛开各种短期扰动因素,股票长期还是会反映全球经济结构的变化和社会发展的变迁。以科技、医药、消费为代表的大方向,在未来全球社会和经济当中会占据越来越重的权重。

而相对来说,细分产业方向和具体个股的选择,是我最为擅长的投资环节,从过去三年的 Barra 业绩归因分析来看,我绝大部分的超额收益都来自于此。

## 以科技周期为核心,建立系统的研究投资框架

朱昂:你比较擅长判断细分的产业方向,能否具体说说你是怎么做的?

屠环宇:对科技行业来说,大的投资机会可能来自大的技术变革和产业趋势,比如说 20 世纪 80 年代的大型机、20 世纪 90 年代的 PC、21 世纪头十年的互联网和移动互联网、现在的云计算等。每一轮大的科技周期可能长达 5~10 年,在这些周期当中,在不同的时间点、产业链的不同环节上,有非常多的投资机遇。

我的一个最朴素的投资想法就是,在出现技术变革和产业趋势发生重大变化的时候,对当前时代的龙头要保持高度警惕;而在产业发展最确定的 5~10 年里,要长期持有受益于产业红利的优质公司。前者是因为,每一轮周期的最大受益者,它的企业文化、做事方式、商业模式、市场定位已经被优化得极其甚至是过分适应当时的市场,转型往往是很难的,历史上来看能够连续多个科技周期转型成功的案例

非常少（只有少数公司，比如微软等）；而后者是因为人们往往会高估短期的变化而低估长期的力量，比如在移动互联网时代，最好的投资策略就是长期持有美股的苹果和A股的苹果产业链公司、长期持有港股的腾讯及腾讯生态里的公司，这远比短期做波段和交易要有意义得多。

大家通常会参考Gartner技术曲线来判断产业发展的阶段，从萌芽期，到成长初期，到快速成长期，再到成熟期，背后是产业渗透率的快速提升，同时也会伴随着市场预期的两轮起伏。

我们会发现，产业所处的发展阶段不同，企业所表现出来的业务特征和财务特征完全不同，那么，对应到我们的投资策略、跟踪指标、估值体系，也应该是不一样的。

我70%以上的仓位都投向处于成长初期（如果成长持续周期很长，也会有少数快速成长期）的产业，最典型的比如云计算、半导体、新能源、灵活用工、电子烟等。在这个阶段，企业已经拥有了比较清晰和稳定的商业模式，同时由于渗透率非常低，可以预见未来持续的高速成长性和远期巨大的发展空间。这一阶段的优质标的非常适合我长期持有，我对公司质地和估值水平的容忍度也相对高一些。这个阶段我跟踪的核心指标是渗透率和市占率，前者代表的是行业空间，后者代表的是企业竞争力。而我采取的估值方法也不会局限于PE，像云计算这样的行业全球通用的方法是PS或P/OCF。

另外20%的仓位我会投向处于快速成长期和成熟期的产业，这些阶段的科技行业和传统行业可以直接比较，如果能够找到需求稳定增长、竞争格局清晰的标的，可以在估值足够匹配的时候买入。同时我会格外谨慎地跟踪，因为一旦行业需求下滑或竞争格局恶化，这就可能是一个非常典型的价值陷阱，比如曾经的某 CDN 龙头企业。这个阶段我会非常看重和财务质量相关的指标，比如利润率、现金流、资产负债率、ROE、ROIC 等，采取的估值方法也是经典的 PE、DCF 估值方法。

最后或许还有一点仓位可能会投向处于萌芽期的产业。在这个阶段企业往往还在摸索投入，没有规模化的收入出现；或者收入已经实现一定的增长，但由于早期大量研发费用和销售费用的支出，利润率非常低。这一时期更多体现为主题性投资机会，股价上涨由估值的因素驱动，之后很可能会快速回落，等待产业未来的落地。

当然，本质上来说，我觉得这并不是一种非常善意的投资行为，大家并没有一起享受产业发展和公司价值的成长，更多是博弈，也就是说你赚到的钱大概率是别人亏掉的钱。所以我基本上不太会碰这一类投资机会，在估值和市场预期都很低的时候，或许偶尔会做一点点方向性资产的配置。这个阶段我跟踪的核心指标不是基本面的指标，而是政策或者事件。采取的估值体系更多和早期 VC/PE 的风险投资方法一样，看 PS，或者股价与月活跃用户人数比率（P/MAU）、股价与成交总额比率（P/GMV）甚至空间等。

总的来说，"以科技周期为核心"的投资策略本质上是一种自上而下的投资策略，但不是从最顶层的宏观经济和行业配置策略切入，而是从科技产业变革的规律切入。我希望能够从一个产业的创新萌芽阶段就开始追踪，通过一套比较系统的研究投资框架，把握产业链上的投资机会。

**朱昂**：预测未来是一件很难的事情，你如何把握不同阶段的产业周期，并且在产业周期结束前提前撤退？

**屠环宇：** 对于产业周期的投资，我们要从长期思维出发。核心是找到时间周期足够长、产业空间足够大的投资机会，对于短周期和小级别的产业周期，我们一般选择放弃。

在过去这些年，科技产业的发展往往还是以美国引领居多，我们每年都会跑到美国去看二级市场和一级市场的投资方向。比如2017～2018年看云计算的时候，我们调研了美国20多家公司，发现中国公司在IaaS层落后美国3～5年，在SaaS层落后美国5～10年，而美国的云计算产业依然在高速成长，所以我们很确定中国云计算产业刚刚步入成长初期，未来会具备非常强的持续成长能力。

**朱昂：产业趋势回头看非常清楚，但在当时的时点可能比较难，如何提高判断的胜率？**

**屠环宇：** 其实把握起来的难度也没有那么大，其中一个很关键的指标是渗透率。渗透率曲线往往呈现S形，萌芽期的渗透率在5%以内；一般渗透率超过10%，达到20%左右，就进入了成长初期，也就是来到了加速的拐点；而渗透率达到70%以上，就进入成熟期。

还有一个因素是软硬件发展的交替规律。每一轮科技周期都可以大体分为上半场的基础设施和下半场的应用，先硬件后软件，后者潜力更大。而长期的大趋势是从前端的硬件制造转向后端的软件服务，软件和数据的价值越来越大。这个规律不管是在美股还是在A股表现都是非常明显的。

**朱昂：会不会在美国产业趋势出现以后，在A股很难找到标的，研究之后发现对投资业绩帮助不大？**

**屠环宇：** 过去确实如此，大家经常会吐槽巧妇难为无米之炊，但即便是这样,我们在研究过程中依然秉承着先看全球、看海外,再看互联网龙头和一级市创业公司,最后再看 A 股上市公司的观念。

而随着资本市场的改革深化,特别是随着科创板的设立和创业板注册制的推进,A 股的底层资产质量已经出现显著改善。底层资产质量的大幅提升,对我们投资者来说是一件非常幸运和幸福的事情,我自己也会越来越多从科创板和创业板 IPO 的新股中挖掘投资机会。

## 股票收益来自企业的价值创造

**朱昂**:那么再说说你是如何做个股选择的吧?

**屠环宇**:股票收益的根本来源还是企业的价值创造,我通常会用三个维度去评判企业的价值创造:商业模式、成长潜力、企业家精神。

关于商业模式,我会很看重行业竞争格局是否清晰,所选标的是否具有超越其他对手的竞争优势和护城河,竞争格局和护城河是否足够稳定,是否在未来不容易出现快速的变化;此外也会看公司是否具备较强的,甚至不断提高的盈利能力,是否具备一定的规模化优势。商业模式决定了这个生意是不是一门好的生意,是否可以持续获得超越市场的回报,决定了业务的持续性、稳定性、永续性。

成长潜力肯定是很多人投科技行业最看重的要素之一,相比于增速来说,我会更看重成长的质量,质量背后不仅是速度,更是稳定性、持续性、可预测性;对科技企业来说,除了业务上的成长,是否还有自身能力上的成长。成长潜力更多表明一家公司是不是在一个好的赛道之上。有明确的产业大趋势的红利支撑，就容易实现业务体量和经营业绩的不断上涨。成长潜力特别好的公司，只要商业模式和企业家精神别太差，大概率还是容易做大的；成长潜力极差的公司，即便商业模式不错，企业家精神也不错，也只能在估值很低的时候赚个分红收益，投资价值一般。

企业家精神是科技行业一个很大的魅力点。我们会发现，在科技行业中有非常多杰出的企业家，通过自身不断的学习和进化，带领自己的公司不断创新，持续拓展业务边界。比如亚马逊，早期是做书店起家的，后来成了全美最大的电商平台，现在又成为全球最大的底层IT基础设施的云服务商。

不过说实话，以我现在的经验和能力去评价企业家的企业家精神，是一件非常困难甚至不自量力的事情。所以我会尽可能把握两个底线：第一，企业的产品是不是一个受到消费者和客户认可的好产品，企业的竞争优势是不是在不断扩大；第二，企业是否拥有基本合格的股权结构和治理手段，在过去是否从没有做过伤害投资者的事情。一旦发现一个企业做过伤害过消费者或投资者的事情，我就会一票否决。相信优秀的团队会持续优秀，要远比赌一个负面反转的胜率更高。在这个基础之上，再通过大量的产业调研，包括上下游、客户、竞争对手等，对企业文化、组织管理能力、企业家精神等方面试着做一点点判断。

总的来说，商业模式更多反映的是好的生意，成长潜力更多反映的是好的赛道，企业家精神更多反映的是好的团队。在这三个维度上都非常杰出的公司，就是能够创造价值的核心资产，也是我最希望投资的优秀标的。

**朱昂：** 对这三个维度能不能分别举例？

**屠环宇：** 首先必须承认，在当前市场环境中，想要同时找到商业模式、成长潜力、企业家精神都很杰出的公司，同时还能以一个相对低估的价格买入，是非常困难的事情。我们的组合中多少都会在某些方面有所侧重，或者在某些方面有所包容。

商业模式比较杰出的，是那些容易享受超额利润的公司，比如很多互联网龙头、云服务 SaaS 公司等。其中有一些已经拥有了非常高的壁垒，还有一些发展尚未成熟但未来具备构建壁垒的可能性，这时投资的是护城河构建的过程。

成长潜力比较杰出的，是那些战略上或者幸运地选择了好赛道的公司，比如新能源汽车、光伏、半导体等赛道的龙头公司；还有灵活用工、电子烟等，产业发展潜力也很大，但可能赛道没有那么宽，不能容纳太多投资标的。

企业家精神比较杰出的，是那些团队非常努力优秀、有望持续创造社会价值的公司。虽然从自身利益的角度，越来越多的投资人会喜欢那些商业模式杰出的标的，毕竟如果幸运地从事了一门好的生意，可能不需要太努力就可以躺赢，长期享受超出社会平均资本回报的超额收益。这样的投资固然胜率很高、收益很大，但是我的组合还是会保留一定的仓位，给到我们寻找到的极为优秀的企业家团队。他们所在公司的商业模式或许没有那么完美，业务没有那么轻松，可能就是在一个充分竞争的市场中，但是他们具备极强的企业家精神，不断拼搏，为消费者、客户和社会持续创造巨大的价值。在我看来，他们的企业是更加受人尊敬的企业，在组合中留有一定的比重支持这些企业的发展，也很符合投资这件事情的初衷。

**朱昂：你是怎么做组合管理的？**

**屠环宇：** 我比较注重投资流程的纪律，将量化初筛与主动研究相结合，用量化初筛保证纪律，用主动研究保证研究的深度。

首先，我会通过一些量化指标对公司进行初步的筛选，主要包含三个方面的指标：①公司质地的打分指标，包括 ROIC 及其波动、成长速度、盈利能力、现金流、人均薪酬、研发占比等；②边际变化的提示指标，比如公司季度同比增速在环比上出现加速等；③主要风险的提示指标，涉及财务风险、交易风险、公司治理风险等。

筛选到潜在的优质标的后，就加入自己的研究备选池中，根据自己的精力，按照一个优先级次序去做研究。具体的研究出发点，就是前面提到的商业模式、成长潜力、企业家精神这三个维度，会对标的形成一个主观的研究结论，做一个打分，最终确定公司是否具备投资价值。

在此基础上，对于有投资价值的投资标的，我会进一步详细地进行财务的拆分和盈利的预测，进而测算出三年后的目标市值，以及长期潜在的市值空间，从而倒推出投资的预期年化收益率。这样就可以在各个投资标的之间进行预期收益率的比较，形成最终的投资决策。

此外，投资结果本身必然存在区间内的不确定性，所以过程管理也很重要。对于持有的股票，我会进行持续的研究和定期的跟踪，将研究和投资形成一个闭环。

## 从二次元到扫地机器人：认知横跨不同的科技模式

**朱昂：** 我看到你们公司的组合持有某二次元社交的龙头公司，能否谈谈你对这家公司的看法?

**屠环宇**：这家公司作为中国年轻人聚集的文化社区，是最受"Z世代"喜爱的互联网产品之一。这些年轻人归属感极强，又有付费意愿。很多比较年轻的基金经理都非常能够理解并且认可它的价值。

从商业模式的角度看，它最大的壁垒就是它的社区属性。社区介于社交与媒体之间，基于群体认同和归属感，形成了较高的用户黏性和情感纽带。平台连接起内容生产侧和用户两方的正反馈循环，具备一定的网络效应。而且对于它来说，独特的弹幕社交文化更强化了关系链，使它具备了高留存率这一好产品的增长基础。

从成长潜力来看，它正在破圈且已经取得阶段性成果。在用户端，我们已经能够看到 MAU 在持续地增长，不断靠近三亿的中期目标，并且城市分布在泛化，年龄段也在泛化；在内容端，投稿量和内容丰富度都在不断提升，早期有游戏、舞蹈等分区，现在生活、科技、数码等分区在快速崛起。

**朱昂**：你过去投资的公司里有没有让你特别有成就感的?

**屠环宇**：想提一家正在快速发展的扫地机器人公司，这家公司我在 2018 年研究小米的时候就关注到了，它是小米生态链里一家非常优秀的公司，2020 年初 IPO。在同行的小伙伴（也是我的本科助教）提示之后，我就非常兴奋地进行了研究，再次验证了扫地机器人是一个很好的赛道，而它又是一家非常优秀的科技公司，有着极其专业又敬业的业务团队和管理团队，有着全球消费者口碑非常好的产品。我们通过大量的产业链上下游调研，从代工厂、经销商、竞争对手、小米了解发现，产业里的人都对这个团队给予了极高的评价。所以，我们从上市第二天就开始不断买入这家公司。

然而不幸的是，公司刚刚上市，欧洲新冠肺炎疫情就开始暴发，由于它很大部分的利润来自欧洲，市场非常担心疫情会严重影响它的销量。但我们进一步研究发现，和大家的理解恰恰相反，疫情没有影响它的销量，很多人居家反而还进一步催生了对扫地机器人的需求，欧洲的一些咨询机构、Google Trends 等各种渠道的数据也都验证了我们的观点。

那段时间其实挺痛苦的，公司的股价不断下跌，我们不断加仓，一直持续了好几个月。我当时很疑惑，为什么一家这么优秀的，增速在科创板所有标的中是最快之一的，估值又基本上是最低的公司，二级市场就是看不到。在二季报、三季报披露之后，市场逐渐认识到了它的价值，股价在短期内快速涨了几倍，也给我所管理的组合的投资者贡献了可观的收益。

现在回想，它本身所处的是一个很好的赛道，处在一个充分竞争的市场，在壁垒这个维度上是有瑕疵的。而正是极为优秀的团队，让我们能有持续陪伴的动力，和在股价波动中坚持的耐心和勇气。抛开所有的业务进展、股价涨跌，我发现这种价值观非常正、一直保持着创业初心并且不断学习和进化的团队和企业，才是这份工作最让我感到激动和兴奋的地方。

**朱昂**：在过去几年的投资中有没有什么教训让你印象比较深刻？

**屠环宇**：那还是有挺多的，举一个例子吧。有一家从事协同办公领域的企业级服务厂商，2017 年末我们通过大量的研究，觉得这家公司非常好。第一，它处于企业级服务市场里一个很好的分支——协同办公，说明这是一个全员使用的产品，同时具备极强的延展性，可以自然延伸到费控、人力资源、契约锁等，有非常持续且广阔的成长空间。第二，相比于一些友商，它在产品完善度、销售模式和管理水平方面都有更强的竞争力，过去几年的经营结果也证明了它的领先优势。所以，我当时在公司只有四五十亿元市值的时候就大量买入，并且推荐给了公司的其他领导和同事。那个时候市场的共识很弱，我们重仓买入之后，当年收获了非常好的绝对收益和超额收益。

然而在公司市值涨到100多亿元之后，我觉得公司的估值已经大幅抬升，增速随着规模增加有所放缓，同时疫情的暴发会影响公司短期的订单落地节奏，就把股票卖掉了，想着避免回撤的风险，等到回调就重新买回来。然而事与愿违，没想到2020年资本市场整体不断上涨，该公司由于本身杰出的质地更加得到追捧。再加上上半年跟随在线办公主题热度，下半年又迎来了腾讯入股，结果全年股价又涨了一倍。真正可惜的，不仅仅是错过了一只股票的大涨，更是错过了自己心中如此认可的一家好公司。

反思来看，绝大部分时候，我们总是贪心地希望能够做一些所谓的波段，实现收益的增强，最终反而在交易中给自己的投资业绩带来了损耗。估值也好，交易也好，是整个研究和投资链条的最后一环，而绝不是投资的第一步。如果确认公司足够优秀，空间又足够大，可能最合适的方法还是长期陪伴，做中国最好的科技公司的长期股东。

### 体验派研究，怀着一颗好奇心去求知

**朱昂**：你当年作为清华学霸，选择非常多，为什么选择加入资产管理行业？

**屠环宇**：当时倒也没有想特别多，不过加入之后我觉得资产管理

这个行业还是有很多有趣和有价值的地方的。我可以有机会接触到许多优秀的公司和杰出的企业家，同时每天也会接触到大量的信息，需要从中去伪存真，基于已知的信息去预测世界、行业或企业的未来，最终还可以直接落实到具体的投资操作上。

**朱昂：** 能不能谈一下公司对你的影响？

**屠环宇：** 我自己确实非常幸运，过去这些年公司给了很多培养，也给了很多机会，我能感受到自己每一年在研究和投资上都有进步。公司现在对于研究员的培养方式有一套很清晰的脉络和系统的方法论，让我们可以逐步构建起自己的研究框架和投资体系。2020年新入职的一个计算机行业的研究员，我带的时候并不是一上来就急于让她覆盖具体行业、哪些个股去给公司推股票、做贡献，而是让她先系统地学习基础的 IT 知识，比如计算机体系架构、中间件、数据库、云、AI 等，有一个基本的行业知识作为研究的基础；然后再让她去看一些全球科技的发展历史，把腾讯、美团、微软、Facebook、亚马逊这些龙头的历史了解一遍，自上而下有一个宏观的认知和大的感觉，知道这些大公司怎么成功的；最后再回到 A 股，从云计算开始，一个一个好行业去系统地学习。可喜的是，我看到包括她在内的一批又一批极具悟性的新研究员快速成长，很快都成为公司行业研究的中坚力量。

公司研究员比较多，任何一个行业的研究员都有两三个，也比较容易形成不同的观点和全面的认知。我们研究部不乏很多非常杰出的专业人才，比如 2020 年新冠肺炎疫情暴发期间，医药组的博士谭晓丹和常黎曼每天都会给我们更新疫情最新的进展，并对很多细节进行了非常专业的解读和预测，在那个最不确定的时期里给我们的投资带来了巨大的帮助。

但与此同时，多对多的投研转换效率是一个非常重要的问题。公司领导专门带领我们成立了一个创新前沿小组，由各个行业里最资深的研究组长组成，包括高翔、张景松、叶力舟、杨宇、王骊鹏等，每个人在自己最熟悉和擅长的领域里深耕，选择最优秀的公司和最有价值的个股，这也是我们的基金一直保持稳定的投资业绩的原因。

**朱昂：听说你体验过外卖骑手，愿意体验的基金经理应该不多，估计只有你一个吧？**

**屠环宇：**是。2018年初研究美团外卖的时候，我出于好奇注册了一个美团众包骑手，还经历了挺复杂的培训流程，要看很多视频，要答题，还要线下打卡培训等。我自己不太敢去送，找了公司同事陪我一起。我记得我的第一单是在阜成门附近的一家黄焖鸡米饭店取餐，送给复兴门地铁站的一个工作人员，结束以后我还主动给他发了短信想要个好评。最后，加上各种低温补贴、峰时补贴，一共赚了8.6元，但由于在App上有一个操作失误，还扣了一半。

如果一定要说意义，送外卖的过程其实能够帮助你一定程度上更好地理解这个商业模式。你会发现对于骑手来说，送一单能够赚取的收入很有限，而想要提升收入，一个很好的方式就是一趟多单。那么要想很好地实现一趟多单，就需要这个小区域里的商户足够多，用户也足够多，这就是一个非常典型的区域内的三边网络模型，具备很强的网络效应和规模效应，可以实现正反馈循环。另外，系统算法的推荐也非常重要，我发现同事下的一些订单我在系统里看不到，很多是系统的主动推送，如果在我送餐的路径上能够足够准确地推送，就可以大幅提升我一趟多单的效率。当然，如果你愿意更加深入地研究，还可以对比美团外卖和饿了么外卖在骑手管理和运营的细节上是否有差异。

不过说实话其实我也并没有想这么多，更多还是出于好奇，觉得是挺有趣的一次体验。希望自己在求知的道路上永远怀揣着好奇与兴趣。

## 投资理念与观点

▶ 抛开各种短期扰动因素，股票长期还是会反映全球经济结构的变化和社会发展的变迁。以科技、医药、消费为代表的大方向，在未来全球社会和经济当中会占据越来越重的权重。

▶ 以行业或产业作为研究的基本单位，而不是局限在 A 股市场。

▶ 在出现技术变革和产业趋势发生重大变化的时候，对当前时代的龙头要保持高度警惕；而在产业发展最确定的 5~10 年里，要长期持有受益于产业红利的优质公司。

▶ 产业所处的发展阶段不同，企业所表现出来的业务特征和财务特征完全不同，那么，对应到我们的投资策略、跟踪指标、估值体系，也应该是不一样的。

▶ 股票收益的根本来源还是企业的价值创造，我通常会用三个维度去评判企业的价值创造：商业模式、成长潜力、企业家精神。

▶ 成长潜力肯定是很多人投科技行业最看重的要素之一，相比于增速来说，我会更看重成长的质量，质量背后不仅是速度，更是稳定性、持续性、可预测性；对科技企业来说，除了业务上的成长，是否还有自身能力上的成长。

▶ 一旦发现一个企业做过伤害过消费者或投资者的事情，我就会一票否决。相信优秀的团队会持续优秀，要远比赌一个负面反转的胜率更高。

- 虽然从自身利益的角度，越来越多的投资人会喜欢那些商业模式杰出的标的，毕竟如果幸运地从事了一门好的生意，可能不需要太努力就可以躺赢，长期享受超出社会平均资本回报的超额收益。这样的投资固然胜率很高、收益很大，但是我的组合还是会保留一定的仓位，给到我们寻找到的极为优秀的企业家团队。

- 我比较注重投资流程的纪律，将量化初筛与主动研究相结合，用量化初筛保证纪律，用主动研究保证研究的深度。

- 抛开所有的业务进展、股价涨跌，我发现这种价值观非常正、一直保持着创业初心并且不断学习和进化的团队和企业，才是这份工作最让我感到激动和兴奋的地方。

- 绝大部分时候，我们总是贪心地希望能够做一些所谓的波段，实现收益的增强，最终反而在交易中给自己的投资业绩带来了损耗。估值也好，交易也好，是整个研究和投资链条的最后一环，而绝不是投资的第一步。如果确认公司足够优秀，空间又足够大，可能最合适的方法还是长期陪伴，做中国最好的科技公司的长期股东。

| 第 14 章 |

# 品性决定投资高度，
# 价值创造源自推动社会进步

**访谈日期：付娟**

**访谈时间：2021 年 5 月 13 日**

我和付娟认识了很多年，看到了她的变化和不变。以前我在卖方研究所负责机构销售的时候，她就是我的客户。当时她在一家基金公司做投资总监，对于分配给卖方研究所的交易佣金有很强的话语权。那时候，我经常和分析师说，要重点把付娟给服务好。但事实上，我们所有分析师都怕给付娟路演，因为她特别直接，总是能抓住问题的核心矛盾，经常几句话就把分析师问得哑口无言。

付娟这种直接的性格，其实在我们卖方分析师群体中，是一个"公开的秘密"。大家都特别怕给她路演，但又不得不把她服务好。但我知道，她是对事不对人，当你真正需要帮助的时候，她会竭尽全力。我身边有一个特别好的朋友，也是我非常认同的基金经理,他私下和付娟就是多年的好朋友,常常和我夸赞付娟的研究能力。

过了许多年,我不在卖方研究所工作了,自己开始独立写基金经理访谈。有一次付娟专门约我见面,想聊聊自己觉得比较不错的投资方法。这一次约见给我的记忆特别深,本来我们要约周五见面,可付娟说她那天想去看ChinaJoy⊖展览,要改一个时间。我当时很惊讶,ChinaJoy不是年轻人去看的吗?而她好像每一年的ChinaJoy都会去看。从这个事情上,我能感受到她的好奇心,无论年龄多大(其实也不大),她永远走在时代的前沿。

这一次和付娟的访谈,是我2021年记忆最深刻的访谈之一。我们中午一起吃了顿饭,她一上来就问了我一个问题:"深度访谈了几百位基金经理,你怎么判断基金经理的水平?"这是一个对我的"灵魂拷问",从这个细节就能看到她的率真和犀利。其实对于这个问题,她已经有了答案,就是基金经理的"品性"。我之前隐隐约约有这样的一个感觉,但从来没有找到一个能够精准总结的词。这就是付娟看问题一个很典型的方式,她能把一个复杂的问题,用极其精简的话总结出来。

在看公司上,付娟也是这么做的。她告诉我,对于她重仓的公司,都必须用一句话讲出投资逻辑。她的投资和讲话一样,没有任何"废话",组合一般不会有超过25只股票,对于每一只股票她都有自己独特的视角。许多公司不是市场上的热门大白马,这也和她的投资特点有关。她偏好二线的小盘成长股,在市值为几十亿元的时候把一家公司挖掘出来,然后看着这家公司的市

---

⊖ 中国国际数码互动娱乐展览会。

值成长到几百亿元，能给她带来很大的愉悦感。她卖出股票也是"清仓式"地卖出，一股不留，毫不拖泥带水。

作为两个孩子的母亲，付娟依然保持着高密度的调研，她开玩笑跟我说，在许多调研中，她经常是年龄最大的基金经理。我问她，这么拼到底为了什么，最终希望实现的状态是什么？她告诉我，她希望不断找到为社会创造价值的公司，通过投资这些公司，为社会的进步做出贡献，这就是她眼中的价值投资。她还希望能持续和优秀的管理层进行沟通，这也是基金经理这份职业最大的福利。

我一直很相信爱的力量，毫无疑问，付娟是一个对投资、对世界、对生活充满爱的人。她的眼中闪烁着爱的光芒。她是真正品性很高的基金经理。

## 品性决定投资高度

**朱昂：能否先说说你是怎么看待投资的？**

**付娟：** 投资对我来说不是在工作，而是在做自己喜欢的事，让我能够找到开心、放松、自由的感觉。几年前我在某财经大学研究生院做夏令营讲师时的讲课题目是"品性决定投资高度"。一个人的品性决定了他会投资什么样的公司，能达到什么样的投资高度，这个高度未必是排名，而是一种投资状态。

我对价值投资的定义是，找到那些真正为社会创造价值的公司，通过投资它们，甚至帮助它们，从而为社会进步做出一点点贡献，这就是价值投资。

我之前写过一封给投资者的信，叫"股市你我他，期待正循环"。写得很顺，大概只花了半个小时，许多话自己就跑出来了，一挥而就，因为这封信提到了我的投资价值观。做一个品性好的基金经理，挖掘具有优秀品性的上市公司，上市公司因为基金经理的广泛认可而得到更高的估值，公司发展更好带来股价的持续上涨，股价上涨让我的基金被更多人认可，持有人因为信任而持续申购，形成一个正循环。

**朱昂：即便你是一位成长风格的基金经理，事实上你的投资内核依然是价值投资？**

**付娟：** 价值投资在我看来，就是帮助有价值的公司成长，成长风格只是价值投资的一种而已。我认为价值投资不是"贴标签"，不是买大市值公司，也不是只买某些稳定增长行业。

我认为价值从来不分大小，也从来不分贵贱，只分孰优孰劣。一家公司只要是优质的，不管市值大小，都应该得到尊重，估值都应该得到溢价，而不是单纯地以大为美。大公司就应该享受更高的溢价吗？我不这么认为。

哪怕这些优质的中小市值公司，因为行业因素或者自身体量的因素，波动的确比较大，我觉得也应该忽略它们短期的波动，而看它们长期的发展潜力。各个细分行业都有一批有价值的公司，所谓的价值，就是真正能够实现在这个行业里的深挖，能够获得在这个行业里的绝对话语权，哪怕这个行业可能比较细分，体量没有那么大，不能够容纳上千亿元市值的公司。这样的一批公司就符合我所谓的"价值"二字。

举例来说，我之前调研过一家公司，市值只有 80 多亿元，我跟他们已经一对一聊过三四次了，但我始终没有买。这家公司在细分行业做得很好，竞争优势很大，值不值得关注？肯定值得关注。但是我为什么没有买？就是因为在这两年里，这种公司是不受市场待见的。从内心而言，我是非常想买的。但是以当时 80 多亿元的市值去融 20 亿元的钱，它的股本就要被摊薄掉 20%，非常可惜。

所谓的价值，真的值得很多人思考。基金经理存在的意义就是实现有效的资源分配，把融资的功能、融资的价值，体现在真正需要钱的好公司身上，而不是体现在以大为美的公司身上。

**朱昂：做了那么多年投资，你的投资框架有什么变化吗？**

**付娟：** 我从卖方到买方，研究底层的架构一直没变过，就是研究无止境，在做 360 度观察后抓住公司的核心点。变化在于，更多的经历让我更加成熟，对市场也更加敬畏。记得 2013 年刚开始做投资的时候，我就取得了全市场第八名的好成绩，是收益率最高的女性基金经理。当时我没有经历太多,也不知道自己的成功是某种风格导致的。那时候我对其他风格没有认识,对各种打法没有深刻理解,后来风格切换的时候,现实也给我上了深刻的一课。

公募基金经理需要在自己的底层框架不变的基础上,认识和容纳各种风格。我这几年的变化更多是在中观层面建立新的认知,能够通过行业之间景气度的对比,挑选出自己需要的风格和板块。2015年和2018年,在两次大的调整中,我也可以买入自己不喜欢的低估值周期行业,如金融、地产、电力等,进行防御。从2020年底开始,我觉得2021年风格会切换,就做了风格切换的布局。

## 市场风格向中小市值切换的长期逻辑

**朱昂:** 2020年底你为什么认为风格会变化?

**付娟:** 从短期逻辑看,2021年进入经济复苏后半段。在经济复苏的初期,大公司先吃饱,到了复苏后半段,通常中小市值公司表现更好,业绩弹性更大。

但我和别人最大的不同在于长期判断。我2020年11月时分析,市场已经到了存量经济向增量经济演绎过渡的阶段,而我的投资框架更适合增量经济时代,在存量经济时代不是那么适合。从2016年到2020年的五年中,市场都处在存量经济时代,没有太大的创新,各种成本提升,包括环保、税收、社保等成本,导致中小企业很难生存。没有像2010~2015年那些振奋人心的新兴科技和新兴产业出现,比如智能手机、移动互联网的发展。即便是新能源汽车,也仍然背负着政策补贴的产业包袱，处在刚起步的阶段，还没有支撑性和影响力。

到了 2021 年，又回到增量经济时代。我跟企业的人聊，每个人都在说三个关键词：国际化，如品牌走出去；工业自动化，如无人工厂、智能制造；数字经济，如传统的服装、纺织、零售。这些关键词最终指向的都是智能经济——智能经济渗透到企业，能提高中国企业的竞争力，为智能时代服务做铺垫。以前和企业的人聊，他们不会说这个。这是未来的一个大浪潮。

我选了智能汽车作为第一个落地的新兴产业，它恰逢两个元年——产业元年和证券化元年，两者合并或将掀起巨浪。我很早就提出要发一只智能汽车主题的基金。

2016~2020 年，经济增长下台阶，PPI 上行贡献了经济增量。2021 年重新进入增量经济时代，我用一个词形容：星火燎原。

比如品牌出海，某空调龙头企业股价上涨最快的时候不是空调卖得最火的时候，而是利润率从个位数提升到 18% 的时候，靠的是品牌溢价、制造效率提升、智能化和自动化改造，也就是所谓的制造业升级。利润率改善对股价影响巨大，品牌出海对企业利润率未来的边际效益贡献会非常大。

7 月，有报道说浙江安吉的办公椅卖断货了，我就去安吉调研。那儿有一家贴牌出口 20 年的企业，一直在尝试做自主品牌，它做的贴牌产品一把卖六七百元人民币，之前产品挂在亚马逊上一直没人买。由于疫情期间只有中国产的品牌能买到，这家公司标价四五百美元的自有品牌全部售罄，就这样进入了海外市场。

轮胎行业也发生了翻天覆地的变化。我以前写空调龙头报告的时候，经常会用到"倒戈"两个字，因为经销商是逐利的。经销商就是一种社会资源，他们倒向谁，谁就卖得好。以前大家抢着卖进口轮胎，因为利润率很高。就在这一年多的时间里，所有卖进口轮胎的经销商都在转向卖国产轮胎，利润比进口轮胎高。一开始他们也不敢卖，但是价差诱人，试卖以后也没有客户投诉，就放开卖了。国内轮胎质量过关，系统性成本碾压老外，海外经销商也跟着倒戈。轮胎行业以前的客户是商用车B，现在是商用车B+轿车B+轿车C，C的崛起意味着国产轮胎的品牌化。不能带着老眼光看一个行业，国产轮胎现在完全可以通过转嫁成本，覆盖成本端的上涨。

还有银行信息系统，核心有两套：传统银行和互联网系统。中国公司在海外竞标，以两倍的高价中标，因为中国互联网体系是全球非常好的。中国的品牌出海再也不是贴牌的、低附加值的输出，而是有自主品牌的、高附加值的输出。

我们会看到，中国会有一大批企业像当年的空调龙头那样出海，这些企业分布在各个行业，就像星星之火一样。

## 中观把握行业配置很重要

**朱昂**：对于中观行业景气度，你是如何判断的？

**付娟**：我过去那么多年管理的产品，每半年到一年组合的行业配置就会有所变化，但基本上都集中在科技和消费两大投资方向。只有2015年和2018年我切换到了低估值的防御性板块。在A股投资只要选对行业，业绩就不会太差，所以我每年一定要对第二年的重点板块做出判断，如果判断错误，业绩就会有很大压力。

景气度也有判断失误的时候，比如2017年底看好军工，结果比真正启动提前了一年。当时我认为军工已经跌了一年，军改和人事因素导致订单释放节奏慢，到了末期一定会加速。2020年四季度我做行业景气度比较的时候，又把军工挑了出来。现在军工订单依然很好，国产化替代是迫在眉睫的需求，这个产业具备了长期的成长逻辑。大多数人觉得军工是短期，我的认知和市场共识不同。

反过来看，许多人觉得白酒的景气度很好，但我目前就不会买。

工业半导体也是类似的情况，许多人觉得过度备货，我认为景气度贯穿全年，和市场共识完全不同。工业半导体的长期逻辑是品牌出海和智能汽车，整个2021年或许都会面临产能不足的情况。

**朱昂：在个股选择上，你有什么偏好？**

**付娟：** 我偏好二线成长股标的，而且胜率在不断提升。许多个股都是通过独立的调研和研究产生的。我是一个很高效的人，在申银万国研究所的时候我看家电行业，他们统计过我出报告是个人单产量最高的，平均1.7天一篇报告，而且在内部优秀报告评选中我每年都排名前三，不仅快而且质量也高。

我一直很欣赏的是什么样的人呢？某家上市公司的董事长曾经说过，他真正放松的时候就像孩子一样，我也是这样。我是一个心态能放得很轻松的人，和任何人都没有代沟，可以和研究员很好地配合。

正因为这种状态，我才能在30亿元的市值挖掘到一家做门窗五金的公司，后来市值涨到 600 亿元。这家公司就是研究员帮我先做了筛选，他们去"打猎"，然后把几个"猎物"拿到我面前让我帮忙判断。我当时就感觉这家公司听上去很不错。然后我们就和专家聊、和竞争对手聊，和销售聊，和供应商聊，最后见老板。跟老板聊了两三次之后，该重仓的就定下来了。大部分个股都是通过这种方式筛出来的。

## 重仓股必须要用一句话提炼核心逻辑

**朱昂**：门窗五金这个案例可以展开讲讲吗？

**付娟**：这家公司说我是最早深度关注他们的基金经理。我是看家电出身的，对渠道创新很敏感。这个行业所有人都在做经销商模式，只有他们在做销售模式创新、做直销，他们用了三年将自己的销售团队从两三百人做到两千多人。这让我觉得很有意思，大部分公司都巴不得管理的人越少越好，而这家公司管理的人越来越多。

这家公司的情况就是典型的大市场、小公司，门窗五金 1000 亿元的市场，公司收入只有 20 亿元。我也和它的竞争对手聊过，所有人都告诉我，只要这家公司不犯错，其他人就没机会，这就让我对它更感兴趣。

我的重仓逻辑都可以用一句话概括，这家公司就是：把直销人员变成螺丝钉，跑在低线级城市的信息流上。这句话里面有三个关键词：螺丝钉、低线级城市、信息流。

公司发现，在这么大的市场里做不大是因为无法下沉，只有 SKU[一]增加才能下沉，那就不能靠经销商，只能靠直销，先承担亏损，布局

---

[一] 库存量单位。

下去，活下来。解决直销对管理是很大的考验，公司做大必须解决销售上的三大难题：销售动作如何标准化、业绩如何考核、销售离职带走客户怎么办。

他们就一个一个解决。先要解决销售离职带走客户的问题。公司把每个人的工作手册都标准化，一个项目被拆分成不同的环节，每一个环节的工作话术、链接、表格都成套化和标准化，这样即便是刚毕业的学生也可以直接上岗，本质上就是把销售人员变成了一个个螺丝钉，走了一个就能马上再换一个。在工作流程标准化之后，公司又增加了 SKU，解决了产品下沉的问题。

我认为这家公司能成为牛股最关键的因素是信息流。螺丝钉的标准化和产品下沉这两点，在我去见公司老板之前已经都搞清楚了。直到我去见了他们老板，才知道公司的信息流能力多么强大。

老板说一家公司的管理水平和管理思想都体现在信息系统里，Oracle 四年前就被他们大卸八块，因为数据结构和流程管理满足不了他们的需求。信息流连接着上下两端，上端连接着 SKU。这家公司的 SKU 太多了，建筑工地上有的产品他们都卖，从头盔、手套、铁锹到垃圾桶等。下端连接的客户都是小企业，并不是我们理解的地产公司或者建筑商。哪怕是一栋办公楼，也要分批下订单。比如会议室的门窗五金件，或者一个办公室的门窗五金件，要用多并发的互联网下单模式。最精妙的是公司通过中间通道解决了销售业绩考核的痛点问题，在一个项目结束前，系统可以每周甚至每天做模拟业绩测算，对应最终的奖金分配，通过自动化模型做管理，如果有分歧，再人工介入。这让我体会到琢磨管理就是琢磨人性。

**朱昂**：你的研究效率很高，如何把握住一家公司的核心矛盾？

**付娟：**前面说过，我所有的重仓股都可以用一句话总结。我闲着没事的时候，会一直闭着眼睛思考，总能把一家公司的核心逻辑串在一起。这个习惯是写博士论文的时候被逼出来的，写博士论文对效率要求很高，逻辑要新，而且能自圆其说，还需要数据支持，提炼逻辑是最重要的。

我不喜欢絮絮叨叨，如果三句话讲不清楚一家公司，就证明自己对公司的理解还不够深刻。作为买方，日常会面临太多的碎碎念，我希望先讲精华，再讲第二层，再做剖析。

在申银万国研究所的时候我所接受的训练是，报告不能出现是非判断句，出现"公司简介"这样的字眼也是不应该的，因为报告不是使用说明书，而是一个逻辑故事，能够让人产生共鸣。

**朱昂：**关于一句话总结一家公司，能否再举几个例子？

**付娟：**我就谈谈从公开信息中能看到的前十大重仓股中的几个案例吧。

有一家公司，我总结是：给卡车司机卖农夫山泉。农夫山泉属于消费品，有品牌也有渠道优势。这家公司是卖车用尿素的，大家总觉得这是一种工业品。但是公司做了渠道的创新，在所有卡车司机出现的地方卖车用尿素。这就像卖农夫山泉的桶装水一样，是 To C 的，并不是卖给车厂的 To B 模式。而且，这家公司卖的尿素是同类产品中价格最高的，是有品牌溢价的。所以我才说这个产品就和农夫山泉一样，只不过它卖的是给车喝的。

还有一家做跨境电商物流的公司，我为了研究这家公司，专门把跨境电商物流整个行业研究了一遍，还电话访问过业内的专家。跟行业内专业的人聊天，让我觉得特别愉悦。跨境电商物流是一个研究门槛很高的行业，里面有很多专业名词。用比较通俗的话来说，疫情之后，物流和服务成为中国跨境电商的痛点，因为没有一家能提供全产业链物流的国内公司。这家公司这时候站出来了，公司在跨境电商环节有很正确的战略方向。跨境电商物流一共有七个重要环节，这家公司之前主要做其中一个环节，但那是非常稀缺的一个环节，没有十几年的沉淀做不出来，这个环节就是所谓的场场之间的干线运输及场站操作。所以，我称之为"以稀缺一珠串起七龙珠"。

**朱昂：你如何规避成长股的回撤？**

**付娟：**我回撤比较大的时候，是刚做基金经理的头三年。那时候有两个原因，一个是我确实没有见过更多的投资风格，有些盲目自信，现实给了我教训；另一个是，我当时要生小孩，还要做管理的工作，精力不够分配。

现在我专注在投资上，会去思考市场的中观风格和行业配置。我虽然偏好买一些小市值的股票，但不代表我的组合里面只有小市值的股票，也有一些大市值的白马股。而2021年的市场风格轮到我擅长的二线成长股，我就会全力出击。

## 长期看好智能汽车

**朱昂：你觉得2021年小盘股更好？**

**付娟：**我认为影响市场风格的关键因素是业绩增速和流动性。目前，从业绩增速的差别看，2021年低估值比高估值好，小市值比大市值好。对应2021年重点布局的方向是"低估值＋小市值"。因为

2021年的经济基本面很好，但是会对估值有所压缩。估值的压缩需要高成长来对冲，2021年更可能出现结构性的行情。

在行业上，长期看好品牌出海、AI 经济和智能汽车。中短期我选出来的景气赛道还有军工、工业半导体和国六㊀。

**朱昂**：你刚提到长期看好智能汽车，如何建立在这个领域的能力圈？

**付娟**：2010～2015 年是智能手机和移动互联网的年份，我不是科班，但做得不错，当时在前一家公司的研究环境里培养了一套把握研究新兴行业机会的体系，公司每年都让我们去日本、韩国调研。就像当时我虽然不玩手游，但我一直看手游资讯。现在我也不用抖音，但不妨碍和他们聊。智能汽车也是，哪怕细节说得不到位，但套路是一样的，我知道智能汽车的机会能持续很多年，这一点我现在可以下结论。

以前智能汽车要解决大电池的问题，现在要解决大电脑的问题。路上的小电脑和车上的大电脑怎么形成一张网，这个过程的宽度和深度比智能手机和移动互联网更大。2020 年我想通了，这个赛道一定要做，短期是流量产品，三五年以后一定能出现汽车行业里很伟大的企业。

**朱昂**：有些成长股选手不惧高估值，你好像有些不太一样？

**付娟**：我觉得每个产业都有兴衰周期，花无百日红，我希望能享受投资红利的甜蜜期。估值不是单纯以 PE 来看的，比如一家做半导体的公司，它没有所谓的估值，但我觉得它被低估了。

---

㊀ 国家第六阶段机动车污染物排放标准。

预期差最早是申银万国研究所提出来的，这个概念在我脑子里一直存在，不是僵化的事情。观察市场在想什么，找到预期差，一致就卖，不一致就买。

## 擅长把握 0 到 1 和 1 到 10 的机会

**朱昂**：你怎么看待公司的不同阶段？

**付娟**：我把公司分为三个阶段：0 到 1、1 到 10、10 到 100。我擅长做 0 到 1 和 1 到 10 的投资。0 到 1 是选赛道的阶段，比如智能汽车就是 0 到 1。2014 年我调研了物联网，因为我对新产业方向很有兴趣，这里面都是非上市公司。我一去调研就知道当时的物联网不靠谱。不过当时还有一家做数控机床的公司，我花了两天时间调研，做的东西有前瞻性。每个新出现的好赛道我都聊，判断未来。看了那么多做物联网的，最后落实到现在的，就是智能汽车了。

1 到 10 是选赛车手，这是我特别喜欢的投资阶段。赛车手刚开始赛跑，要考察公司的管理和执行力、老板做事的风格、兑现承诺的情况、队伍的文化。优秀的公司和不优秀的公司差在哪里？如果要做一个动作，从 0 度调到 31 度，需要把研发、管理都调到 31 度，一个管理和执行差的公司，可能就做到 10 度或者做到 60 度，而优秀的公司就可以精准地把动作调整到位。

比如一家做扫地机器人的公司，它面临美国、日本、中国三个市场的痛点，聊下来我们发现公司对每个小目标都想得很透彻，从亚马逊直营，到选择经销商，都能感受到动作调整的精确度。最近聊下来发现它又升级了，好的公司就是这样。这中间需要反复聊，反复预判能不能到达那个 31 度。

**朱昂：**你怎么做组合管理？

**付娟：**我的组合管理相对集中，我有强迫症，通常不会让组合里的股票超过 25 只，一旦股票数量过多，就说明思路乱了。整个组合就集中在三四个行业，集中持股能帮我聚焦核心矛盾。

## 享受和顶级企业家的面对面交流

**朱昂：**市场上成长股基金经理很多，你觉得和他们相比，你有什么不同的地方吗？

**付娟：**我的优势是，我属于比较"老"的成长股基金经理（笑）。成长股有周期性，会有一段时间表现比较好，也会有一段时间表现比较差。我做过一个统计，在过去十几年中 A 股经历了四五波不同风格的行情，包括小盘成长、大盘价值、大盘成长等。必须经历几次风格切换，投资理念才会变得成熟。虽然我成名比较早，2013 年刚做投资就一战成名，但是站在今天的我很想对过去的我说一句话："你还太嫩了！"

我说自己的优势是比较"老"，是因为我经历了好几轮成长股的周期，在不同市场风格下都能进行应对。我不是那种只集中在某一个领域（比如新能源、医药、消费等）的成长股基金经理，我会做一些轮动，但轮动也是有边界的。

另一个区别是，我调研很多。基本上我参加的联合调研，同行的都是比较年轻的基金经理。我之前参加过一个活动，和一位 80 多岁的老艺术家同台演讲，他先讲我后讲。这位艺术家说，他坚信艺术之路是用脚走出来的。他可以为了获取一个地方的文化真知，长期待在穷乡僻壤。我自己也认为，研究和投资的真知是用脚走出来的。

**朱昂**：你怎么保持与时俱进？

**付娟**：我对自己很有信心。现在年轻人似乎更相信手机，我更相信和顶级企业家、CEO面对面沟通。作为职业经理人，我有能力和企业家聊上几个小时，这是我的职业红利。所以我不做知乎、抖音的大V，线上投资享受不到这个过程。

市场变化很快，我会收到很多重仓股的短信息，但我不关心短期的信息，我把效率用在验证核心逻辑上，不关心影响短期涨跌的因素。人们的关注点不一样，我更关注战略的、长期的东西。像一家新能源汽车企业，我很早就判断对了行业发展的路径，这就是我当初买他们家的原因，我认为企业的战略正确，执行力也很强。

**朱昂**：你至今依然保持高强度的调研节奏，工作这么拼是为了什么？想实现的终极状态是什么？

**付娟**：我并没有觉得工作很累，而是发自内心热爱研究和投资。我希望实现的终极状态是，每年都能和中国最顶尖的企业家进行交流，通过和他们的交流不断提升自己，这也是作为一名基金经理最大的福利。

**朱昂**：在生活、工作中，你会用哪三个词形容自己？

**付娟**：第一是乐观，我是一个心很大、天生比较乐观的人。

第二是好奇，我对很多事情都很感兴趣。我一直保持着一颗年轻的心，对很多新鲜事物都有很大的热情，想要去探究。我总是会有很多问题，并想要不断探究出问题的答案。

第三是逻辑，无论是当年写博士论文，还是后来做分析师，再到今天做投资，我的逻辑感一直是比较好的，我非常看重逻辑的条理性、完整性和强有力性。

**朱昂：不做基金经理，你会选择做什么？**

**付娟：**我不会做其他工作，基金经理对我来说并不是一个职业，而是我内心热爱的事情。有时候我和家里人聊天，只要聊到一家公司就会满眼放光、滔滔不绝。对于研究和投资，我真心热爱。

## 投资理念与观点

▶ 我对价值投资的定义是，找到那些真正为社会创造价值的公司，通过投资它们，甚至帮助它们，从而为社会进步做出一点点贡献，这就是价值投资。

▶ 一个人的品性决定了他会投资什么样的公司，能达到什么样的投资高度，这个高度未必是排名，而是一种投资状态。

▶ 价值从来不分大小，也从来不分贵贱，只分孰优孰劣。

▶ 基金经理存在的意义就是实现有效的资源分配，把融资的功能、融资的价值，体现在真正需要钱的好公司身上，而不是体现在以大为美的公司身上。

▶ 我2020年11月时分析，市场已经到了存量经济向增量经济演绎过渡的阶段，而我的投资框架更适合增量经济时代。

- 我选了智能汽车作为第一个落地的新兴产业,它恰逢两个元年——产业元年和证券化元年,两者合并或将掀起巨浪。

- 2021 年重新进入增量经济时代,我用一个词形容:星火燎原。

- 我的重仓逻辑都可以用一句话概括,这家公司就是:把直销人员变成螺丝钉,跑在低线级城市的信息流上。

- 如果三句话讲不清楚一家公司,就证明自己对公司的理解还不够深刻。

- 研究和投资的真知是用脚走出来的。

- 集中持股能帮我聚焦核心矛盾。

- 我更相信和顶级企业家、CEO 面对面沟通。作为职业经理人,我有能力和企业家聊上几个小时,这是我的职业红利。

| 第 15 章 |

# 选到好的行业是成功投资的关键

访谈对象：王鹏

访谈时间：2021 年 6 月 2 日

  王鹏的同事第一次联系我，安排我访谈王鹏的时候，我内心是有些"打鼓"的。此前我从来没有听说过这位基金经理，他所在的资产管理公司也不算很大。后来我上网看了一下他的历史业绩，发现他2019年和2020年的收益率都很高，到了2021年收益率也很好。截至写下这篇文章的时候，王鹏在过去三年获得了500%的收益率，三年排名所有公募基金的第一名！这件事对我有很大的触动，这么优秀的基金经理，我此前居然没有听说过，也提示我之后要努力去挖掘优秀的年轻基金经理。

  由于王鹏在北京，又遇上疫情有些反复，我们的访谈是通过电话进行的。他一开始就特别坦诚，告诉我虽然我们未曾谋面，但他看我的基金经理访谈学到了很多，也希望这一次访谈能分享自己真实的投资体系，不求作为营销，只要其他基金经理看了有收获就行。王鹏并不给自己贴"价值投资者"的标签，他认为市场是多元的，有各种赚钱的方式，只要你的投资方法长期有效、能赚钱就行了。并不是说低换手率、长期持有就一定是对的，高换手率、频繁换仓就一定是错的。判断一个投资体系好坏的指标不是换手率，而是长期业绩本身。

王鹏说，他也用自己的钱买自己的基金。从自己基金的持有人角度出发，他追求的就是获得比较高的收益率。王鹏身上有一种我很喜欢的"血性"，他好胜心比较强，为人也比较纯粹。他没有过多花哨的言语，就是踏踏实实把每一笔投资做好。后来我发现，他和本书访谈的另一位基金经理陆彬很像，都是放长假或者休市的时候会特别难受。王鹏和陆彬不喜欢春节和国庆放长假，他们发自内心热爱投资。

有许多朋友问我，2021年有访谈什么印象深刻的基金经理吗？我的第一个反应就是王鹏。他的真诚、用心、血性等一系列特征，都深深地打动了我。更关键的是，作为过去三年业绩第一，许多人都没有听说过王鹏的名字，从侧面也能看出他的低调。

## 投资景气行业的龙头，追求戴维斯双击

**朱昂：先谈谈你是如何看待投资的吧。**

**王鹏：**对于投资，我在不同的阶段有不同的想法。我本硕都是学半导体的，到了研究生二年级准备找工作的时候，我突然开始思考学半导体未来能干什么。我并不想一辈子做科研，更喜欢干一些有激情的事情。后来知道学半导体还能干行业研究员，就很意外地进了这个行业。

在2012年进入资产管理行业后，我一直在思考这个行业的意义是什么，真正做了投资后，我对投资这个事情有两个想法：第一，核心是要给持有人赚钱，这是最朴素的，我自己也是基金的持有人。第二，赚钱的方法是多元的。长期持有优秀公司是一种，高频交易、量化投资也是一种。投资的本质是利用规则给持有人赚钱，如果能把钱投到一些符合时代特征和产业趋势的公司上，就更加有意义。

我觉得投资的目标很明确，为持有人赚钱是核心，每个人都要用匹配自己的方法提高胜率，方法必须是长期大概率能赢的方法。所以在投资目标中，我把追求较高的收益率放在第一位，当收益率满足我的要求时，再去做一些波动率优化。

**朱昂：再谈谈你的投资框架和体系吧。**

**王鹏：**2021年是我做投资的第四个年头，刚开始做投资时一头雾水，从2019年开始才建立了一个比较成熟的投资体系。用一句话总结我的框架：投资景气行业的龙头，追求戴维斯双击。前半句是方法，后半句是结果。

我投资的第一步是中观行业比较，并且增加了一个限制条件：景

气度上升持续的时间最好是三年。三年时间的限制条件，区分了景气投资和主题投资。主题投资的景气度持续时间短，股价爆发力强，但买卖点难以把握。三年以上的景气投资，即便我右侧买入，也能大概率赚到钱。即便买入时间点不好，短期浮亏，用时间等待也能涨回来。

我投资的第二步是买龙头公司，这来自我的经验教训。2018 年，我买了许多自己认为有阿尔法和预期差的"灰马"，最后发现效果并不好。后来我把 2012 年之后 A 股市场的表现做了一个复盘，发现只要每年选到业绩增速最快的行业，同时买到行业中竞争格局最好的那家公司，基本上就赢了。

今天，我的投资先遵循行业或者产业的阿尔法，找到几个未来三年以上增速最快的产业，然后再从中挑选龙头公司。有时候即便选的不是龙头公司，也遵循产业阿尔法，并不是完全自下而上找有预期差的黑马股。

拿新能源汽车为例，2020 年新能源汽车投资刚开始的时候，涨得最多的都是主业在传统行业，同时又有新能源汽车业务的那一批稳健类公司。2020 年底，产业链各个环节的龙头表现最好，2021 年业绩弹性最大的二线公司表现最好。整个新能源汽车的标的出现泛化特征。产业趋势有分歧时，只买龙头；只有当产业趋势很明显、市场认可度很高的时候，投资标的才能泛化。由于我选的行业大多具有高波动特点，我在组合中会尽量选几个长期景气度比较好的行业，适当降低组合的波动率。

我有三种胜率比较高的赚钱方式。

第一种，赚新兴成长的钱。2020 年的新能源汽车、信创（即信息技术应用创新)、半导体等都属于赚这种钱。显著的特征是,景气度看长做短。大家参与这个类型的投资,是基于数据和事实的基本面出发的,这场游戏的终局基于情绪和梦想。这类公司能够提供超额收益,我会去买,但不会买成我的主力仓位。

第二种,赚稳定成长的钱。稳定成长类公司所有人都愿意买,它们业绩增长稳定,估值框架稳定。可是今天,具备与之相匹配的估值的公司越来越少,性价比不高。我会努力寻找这种公司,一旦找到就买成重仓。这类公司主要在医药、消费和极少数的 TMT 行业中。

第三种,赚周期成长的钱。这是我最近两年赚钱比较多的方式。通常是一家公司的传统业务进入景气阶段,然后新业务又出现估值的抬升,市场认为五年后新业务会再造一个公司。如果能够以舒服的估值买到这类公司,就能带来很大的业绩和估值弹性。

## 找到未来看好的行业

**朱昂:** 你的框架中有比较鲜明的行业趋势配置思路,如何提高判断行业趋势的胜率?

**王鹏:** 在每年的年初或者年末,我都会列出 5~6 个未来 3~5 年看好的行业,这些行业要能用几句话讲出大逻辑、未来 3 年以上的明确增长点,行业趋势必须明确而且足够长。这种行业只要判断对,不仅能带来胜率,还能带来赔率。此外,由于是 3 年以上的行业趋势,即便错过了开头几个月,右侧一些买进去,也能赚钱。

有了判断后,要做动态优化。拿 2020 年为例,虽然我全年的收益率有 104.9%，但是中间板块配置一度做得并不好。我年初配置了新能源汽车、医药和信创。在新冠肺炎疫情暴发后的第一个交易日，我认为医院的消费会受影响，把医药全部卖掉了。这个决策在一个月内是非常正确的。但是后来国内疫情开始好转，海外疫情控制不住，所有的内需板块都开始上涨，导致我后面非常难受，好在新能源汽车这个选择还是对的。2020 年 3～4 月，华为又出现问题，我就减持了信创，加了光伏和新能源汽车，最后又加了军工。这就是一个及时调整和认错的操作。

为什么能做出及时的调整和认错？

第一，主动纠错。我对产业链数据会密切跟踪。我比较年轻，不太相信自己对企业家的判断，所以一定要有数据的验证。如果数据确实很好，我就坚持；如果数据不好，就及时止损。

第二，被动交易保护。当一个板块出现我无法理解的持续下跌时，我就会选择减仓进行保护，即便从基本面认知上我并没有看到太大的问题，除非是非常确认的机会（比如 2021 年的新能源汽车）。

交易保护也来自我曾经的投资教训。2018 年我的业绩不太好，那一年我配置了许多电子股。当时因为中美贸易摩擦的问题，市场怀疑这种商业模式并不太好的制造业会出问题。我一开始去调研苹果产业链公司的时候，反馈都是正面的，都没有砍单。那时，基本面感觉没问题，但是股价就是持续在下跌。最后发现，我们研究的重点是业绩增速很好，但是市场担心的是现金流不好，以及老板的质押率和制造业迁出中国的问题。主导股价的因素都是我关注的基本面以外的问题，这些问题都是我在做基本面调研中无法了解的。从那个时候开始，我就用交易保护来避免亏损，提高胜率。

**朱昂**：能否分享一个产业配置的案例，比如我看到你比较早就配置了新能源汽车这个产业？

**王鹏**：我在 2012 年入行的时候，研究覆盖的是电子行业。当时的电子研究员说白了就是在研究苹果产业链。我做了几年研究员后有一个很强的感受，许多 TMT 研究员的基本面研究功底没有那么强，大多数时间是在看行业数据和信息，只是推荐的股票表现很好。原因就在于，整个智能手机产业链处在渗透率快速提高的过程，股票的机会很多，一旦把握住了这种机会，就能成就一个人的投资生涯。

我在 2018 年底的时候，感觉新能源汽车产业也有当年智能手机产业链的特点：渗透率在快速提升，电动化转向智能化。智能手机的特点是供给改变需求。2010 年 iPhone 推出的时候，用智能手机的人并不多，之后苹果渗透率起来后，国内各种手机厂商都开始效仿，到了 2015 年商场柜台里面就没有传统手机了。新能源汽车也有这样的趋势，特斯拉把新能源汽车普及后，越来越多的车企制定了燃油车退出计划，新能源汽车的优质供给变得越来越多。我是在新冠肺炎疫情出现后，欧洲开始加大新能源汽车补贴的时候，重仓这个产业的。

一旦产业趋势起来，会有无数的数据强化我的持股信心。今天，美国也出了补贴方案，美国 2020 年有 40 万辆新能源汽车销量，对应 2000 万辆的年汽车销量，占比很小。到了 2025 年，美国的新能源汽车总量应该和中国、欧洲接近，能到 500 万辆。

类比当年的电子产业链，新能源汽车产业链从日本、韩国慢慢切换到中国，新能源汽车产业链最优质的供应商全部在 A 股，给我们提供了非常好的投资机会。

智能手机造就了电子产业链的黄金十年，新能源汽车同样会，而且公司质地更好，这也是我一直坚持持有新能源汽车的原因。即便 2021 年出现了比较大的回调，我也没有减仓。

**朱昂：你前面提到三种赚钱的方式，能否再具体谈谈你选股的偏好？**

**王鹏：** 市场在公司选择上有两种主流的想法。一种是从公司入手，选择优质公司。但是从结果看有一定的幸存者偏差，优质公司只有遇到产业向上的阶段，才能成为被大家称道的好公司。我选择的是优质行业中竞争格局最好的公司，作为组合的核心配置。先选出向上的行业，再从中选出产业链中最有竞争力的公司。

举一个例子，2018 年下半年到 2019 年，我重配了 5G 行业。从结果看，为我赚钱最多的是 PCB，尽管中间市场炒过滤波器、设备等。PCB 成为 5G 最赚钱板块的重要原因是，这个行业只有三家公司，竞争格局特别好。当时市场缺产能，竞争格局好，导致价格不断提价。我们以其中一家公司为例，它的毛利率连续七个季度环比提升。即便在毛利率提升了两个季度后入场，也能赚到钱。

如果我们能买到竞争格局最好的公司，就能赚到超额利润。我在筛选公司时，最优先考虑的就是竞争格局。找到这种公司，我就一定会重配。

## 一个浮盈 600% 的投资案例

**朱昂：能否分享一个比较有代表性的选股案例？**

**王鹏：** 我超额收益最多的地方，就是周期成长股，说白了就是业绩加上估值。从我的公开持仓中能看到一家动力电池公司，持有了好几年。这家公司我在 2018 年就买入到前十大重仓了。

买这家公司的时候，我是看到了传统锂原电池业务将高速增长，处在一个周期向好的阶段。这时候公司的动力电池、小型消费电池和子公司电子烟业务在快速发展，未来有可能成为公司的明星业务。这就是典型的"业绩+估值"公司。

我再讲一个稳定成长股的案例。我曾经买过一家儿童生长激素公司，也拿了很多年。这家公司不需要赚估值的钱，光靠业绩增长就能赚很多钱。无论市场风格如何，产品的渗透率都足够低，在渗透率向上的过程中，公司的业绩持续增长。对这种公司用时间去赚业绩不断增长的钱就足够了。

最后再讲讲怎么赚新兴成长的钱。我是学半导体出身的，也在这个产业链中赚过钱，但是我很少把半导体买成长期重仓股，可能是因为有太多远期梦想长期在股价里。在 2019 年一二季度的时候，全球半导体周期启动，大家发现几家龙头半导体设计公司的业绩从 20%～30% 提升到了 50%～60%。基于数据和基本面的维度，大家开始做研究。之后华为开始扶持国内的设计公司，增加了国产替代的逻辑。大家最初买的时候估值不低，但是到 2019 年三季度业绩大幅超预期后，发现当时买的动态估值很便宜，市场继续推波助澜，又开始讲远期进口替代的逻辑。到了 2020 年 3 月华为被限制后，两个驱动力少了一个，大家发现这些公司的高估值站不住了。当梦想和情绪都结束的时候，又要回归到基本面。之后业绩增长好的公司多涨一些，业绩增长差的公司跌了一大波。

**朱昂：我看到你在 2020 年卖掉了作为稳定成长案例的那家儿童**

生长激素公司，它的股价 2021 年表现也不太好。而那个作为周期成长案例的动力电池公司你一直拿着，浮盈在 600% 左右。能否具体谈谈背后的差异？

**王鹏：**这家动力电池公司一开始许多人不看好，认为公司的业务太复杂，老板做了过多的布局。在我看来，这家公司的业务纵深很好，既有现金流业务，也有明星业务。之后，这家公司的价值显现是逐步形成共识、被大家认可的过程。我觉得这家公司的长期逻辑一直在，愿意拿得足够长。况且，公司的多元化业务是相关的，都集中在电池这个领域。

这家儿童生长激素公司，我重仓是因为看到生长激素这个产品的增速很高，渗透率很低，公司有长期逻辑。后面为什么卖掉？其实并不是不看好，公司仍然保持着不错的盈利增速，但出于相对收益的考虑，如果我能够找到盈利增长更好、空间更大的公司，就会选择替换。

这两家公司，一家持有，一家卖掉，根本的差异在于哪家更加符合"长期大空间，短期高增长"的牛股特征。两家公司短期业绩成长都不错，但持有的公司长期的逻辑更清楚，卖掉的公司我无法对其长期空间做出更乐观的判断。

**朱昂：**关于这家动力电池公司，我看到 2018 年它进入前十大持仓后，你持有了好几年，为什么还能拿得住？

**王鹏：**和许多投资人不一样，我是从纯相对收益角度考虑的基金经理。曾经有一个前辈教导我，重要的不是你选择的股票能不能涨，而是能不能比市场涨得更多。我们每天最该做的事就是站在当下的时间点去看，这个组合是不是我能做出的最优组合，如果不是就要去调整,如果是就保留。我一直以来就是用这个心态去审视组合的。即便是涨幅很高的公司,我也只是去看公司的边际变化是不是更好了。如果更好,就继续持有;如果边际恶化,即便是很便宜的公司我也会卖掉。

我一直持有这家公司,就是觉得公司的成长逻辑在不断接力。电子烟在政策上虽然有很大扰动,但渗透率提升是确定的趋势。在锂原电池供应稳定现金流的同时,动力电池、电动工具电池、小型消费电池等新的成长点不断涌现。股价涨多了,绝对不是我卖出的原因,估值高不高也不太会影响我卖出,除非市值超出了我能理解的远期最乐观的情况。

那么什么时候我会卖掉一只股票呢?就是核心逻辑变弱的时候。比如我买一家公司是冲着景气度去的,如果景气度边际变弱,我就卖出。

回到这家公司,我在 2020 年一季度做过减仓,当时看到公司湖北的一个厂区受疫情影响很大,会影响到当期的利润。在股价跌了一波后,我研究发现这个负面影响已经得到了消除,就又加回来了。我是那种长期对产业趋势很坚定的投资者,但短期也会盯着边际变化。

**朱昂:能否谈谈让你亏钱比较多的股票?**

**王鹏:** 但凡让我亏钱很多的股票,都是在 2018 年重仓的,我说两个案例吧。

一个是某家 LED 显示屏公司。这家公司历史上是一个大牛股,我做投资的时候发现这家公司过去几年业绩增速一直很好,而当时估值已经变得很便宜了。我刚开始做投资的时候有两个大原则:①估值一定要便宜；②不能太白，要有预期差。那时候，我还没想过要看这家公司所处行业三年以上的景气度变化。

买完以后，公司的当期业绩没有变化，老板自己也在不断增持，还号召全体员工增持。结果却是股价跌了很多。过了两三个季度，公司的业绩开始出现下滑，我也明白为什么当时公司估值那么便宜。从产业趋势的角度出发，景气度往下走会带来估值和利润的双杀。一家静态估值很便宜的公司最终让我亏钱，错就错在我忽视了中长期的产业趋势。从那之后，估值便宜不再是我买股票的理由。

另一个是某家做软板（FPC）的公司，我研究PCB的时候发现了这家公司。当时公司是软板行业的第二名，通信5G的PCB也要导入了。在这家公司上，我犯的错误是，这家公司根本不是龙头公司，利润率和规模都远不如行业老大，在PCB领域也干不过三家龙头公司。即便产业趋势在那里，这家公司的业绩也经常低于预期。在这家公司之后，我告诉自己一定要优先考虑买产业趋势中的龙头公司。

2018年三季度，我买的养猪和养鸡的公司也亏钱了，那时候买在了阶段性价格高点。但是亏钱让我明白这个产业是怎么回事，商业模式和周期是怎么样的。于是我在2019年重仓了养猪产业链，获得了很高的收益率。

我认为必须要从亏钱中吸取教训，这些教训能帮助我优化自己的投资体系。

## 找到未来盈利增速超预期的行业，就能有超额收益

朱昂：如果你的板块配置出现错误，如何纠错？

**王鹏：** 纠错分为主动纠错和被动纠错两种。我此前在信创产业链上的做法就是主动纠错。当时买信创产业链是冲着长期空间去的，认为国产办公软硬件有很大的进口替换空间。然而，信创产业链在短期出现负面因素，疫情出现导致基本面边际变差，通过跟踪也能发现2020年的装机量是低于预期的。在这种变化下，我会主动纠错。

被动纠错我认为更为关键。如果一家公司在找不出基本面因素的情况下，莫名其妙出现了杀跌，那么大概率就是一些我们看不到的因素出了问题，而这些因素不是通过上市公司调研或者专家访谈就能发现的。这时候我就会做被动减仓，也就是我的交易保护。比如消费电子在2018年上半年基本面挺好，但是我们没有看到市场对现金流和商业模式的质疑，这时候股价莫名其妙的下跌就需要交易保护。即便消费电子在2019年和2020年表现不错，但是在那个时间点还是要卖掉，因为我的目标是每一年都要跑到市场靠前的位置。

**朱昂：** 每一年都要排名靠前，这个目标很难实现啊，特别是市场风格一直在变化，你是怎么做到的？

**王鹏：** 我做过一个2012年之后市场表现的总结，回顾哪种策略能持续战胜市场。我发现利用每一年的景气度变化，能解释几乎过去所有年份的市场。比如2012年表现最好的是房地产、非银、建筑和汽车，说白了就是周期景气预期反转，市场预期房地产新周期启动。2013年表现最好的是TMT中的传媒，那时候4G开始启动，电影也刚开始有高票房。2014年的市场是一个非典型市场，最后两个月大盘股逆袭，不具备显著特点。2015年并购带来成长驱动，凡是做并购的公司，盈利都出现了高增长，无论这种增长是健康的还是不健康的。2016～2019年食品饮料表现名列前茅，因为高端白酒的一批价开始持续往上，盈利增速向上。2017年家电表现很好，源于基本面的三期叠加：成本占优，库存占优，地产周期也往上。2018~2019年猪周期表现很好，因为非洲猪瘟疫情带动了猪周期的启动。

通过这样一个回顾，我发现没有一个行业或者风格每年都能赢，但是通过一个框架可以找到具有共性的因子，帮助我选到能跑出来的行业。只要选到未来一年盈利增速占优的行业，大体上就可以战胜所有阶段的市场。我尽量从每年表现最好的前五个行业中，选两三个，这是比较容易的。盈利增速的向上，就容易带来估值的扩张。

**朱昂：跟踪一个版块都不容易，你如何跟踪所有行业的景气度变化呢？**

**王鹏：**我会先找出未来至少三年景气度占优的行业，这样就把大部分行业都排除掉了，基本上只需要跟踪个位数的行业景气度。然后，我只跟踪自己能理解、有认知的行业。我觉得错过一些机会不重要，有些板块起来很猛，但是我没有认知，冲进去也会亏得很厉害。还有一些行业的周期太短，可操作性很差，这种行业的钱我也不赚。

我还会借用内部研究员的力量，他们的投资建议我会重点关注。我们公司把研究员按照不同的公司类型进行分组，我是成长组的组长，还有周期组和稳定组。每一个小组的组长都要写季度报告，推荐未来行业高配和低配的方向。在我不懂的领域，我就借鉴其他组长的行业配置，他们都是具有丰富经验的行业研究老手，判断正确的概率比较高。

## 对组合永远进行"归零"

**朱昂：你如何看待波动？**

**王鹏：** 过去几年我确实有明显的回撤，好在最终都涨回来了。我觉得波动要放在时间周期中去看，如果把时间周期拉长到五年，两三个月的回调并不算什么。

况且，我的首要目标是追求收益率，完全的低波动没有意义，波动率最低的资产是现金。我觉得大家买产品，还是要追求一个比较合适的收益率。我的目标是每年都在市场的前20%。要获得超额收益，就要承担一定的风险。

我并不认为有长期低波动、高收益的资产。有人说过去五年消费是低波动、高收益的资产，但我觉得这是因为时间维度不够长，如果把2012~2015年也考虑进去，波动同样不小。我觉得单看波动意义不大，要看波动能否带来超额收益。

**朱昂：** 在组合管理上，你是怎么做的？

**王鹏：** 首先，我的组合要满足合规上的要求。在我的组合中，行业还是有一定分散度的，即便我配置新能源产业链，也是从好几个细分行业里进行选择。

其次，我对组合永远进行"归零"，过去一个月的对与错，不会影响我未来一个月的操作。每次我看着自己的组合，都会想这是不是当下我能做出的性价比最高的组合。

我每天对组合就思考一件事情：如果今天我能够重新构建一个新的组合，那么它是否和现在的组合一样。

**朱昂：** 在你的投资生涯中，有什么飞跃点或者突变点吗？

**王鹏：** 我们公司的投资总监原来是做量化投资的，拿过金牛奖，对我投资的启发很大。他是一个在投资上不带感情色彩的人，纯粹用数字来分析市场。他告诉我，能不能战胜市场的核心，是你选择的行业这一年的估值是扩张还是收缩。如果选到当年估值扩张的行业，你就赢了。

估值扩张的来源很多，最可靠的是盈利超预期。那么盈利超预期的前瞻指标是什么？就是景气度。我们去调研公司的时候，如果发现产能很满、订单的毛利很高，那么大概率季度业绩就会超预期。我们会从这些数据中一点一点往前推，把握景气度的变化，大概率就能战胜市场。

**朱昂：** 如果不做基金经理，你会选择做什么？

**王鹏：** 我从来没有想过不做基金经理，除了投资，我没有爱好。我们公司的人都知道，我不喜欢放假，也不喜欢周末。我享受每天全身心投入到投资的感觉，很难想象把我最喜欢的事情拿掉后，我还会去做什么。如果不做基金经理、不做投资，我真不知道自己会去干什么。

## 投资理念与观点

▶ 用一句话总结我的框架：投资景气行业的龙头，追求戴维斯双击。

▶ 我投资的第一步是中观行业比较，并且增加了一个限制条件：景气度上升持续的时间最好是三年。第二步是买龙头公司。

▶ 我在 2018 年底的时候，感觉新能源汽车产业也有当年智能手机产业链的特点：渗透率在快速提升，电动化转向智能化。

▶ 智能手机造就了电子产业链的黄金十年，新能源汽车同样会，而且公司质地更好。

- PCB 成为 5G 最赚钱板块的重要原因是,这个行业只有三家公司,竞争格局特别好。

- 如果我们能买到竞争格局最好的公司,就能赚到超额利润。我在筛选公司时,最优先考虑的就是竞争格局。

- 我超额收益最多的地方,就是周期成长股,说白了就是业绩加上估值。

- 即便是涨幅很高的公司,我也只是去看公司的边际变化是不是更好了。如果更好,就继续持有;如果边际恶化,即便是很便宜的公司我也会卖掉。

- 如果一家公司在找不出基本面因素的情况下,莫名其妙出现了杀跌,那么大概率就是一些我们看不到的因素出了问题。

- 只要选到未来一年盈利增速占优的行业,大体上就可以战胜所有阶段的市场。

- 我的目标是每年都在市场的前 20%。要获得超额收益,就要承担一定的风险。

- 我每天对组合就思考一件事情:如果今天我能够重新构建一个新的组合,那么它是否和现在的组合一样。

| 第16章 |

# 把握细分的贝塔机会，也是一种阿尔法能力

**访谈对象：孙浩中**

**访谈日期：2021年8月18日**

2021年是A股一个非常特殊的年份，这一年的市场不算熊市，截至10月底沪深300的跌幅在4%左右，但这一年也肯定不是2019年和2020年的小牛市。如果我们看基金的表现，会发现有很明显的两极分化。有基金年内亏损10%，表现最好的基金却能取得100%的收益，业绩分化极大。在写下这篇文章的时候，孙浩中管理的产品已经取得了100%的收益，排名全市场第一。

我最早认识孙浩中的时候，他是一名看周期行业的研究员。当时上游资源性产品行业属于较差的行业，长期没什么投资机会，基金经理关注度也不高，但孙浩中依然兢兢业业做基本面研究。他跟我说，有一次挖掘到了一家很好的公司，在一个小规模交流会上，他惊讶地发现其他提问的同行其实对这家公司的基本面并不了解，问的问题都不是关键点。这个事情也让他发现，无论在什么行业，

只要真正花时间研究，还是能找到认知超越别人的领域的。

周期，也成了孙浩中投资的烙印。他开玩笑说，他是新能源圈子中最懂周期的人。在他的投资组合中，有一批带有周期属性的公司，把握这一批公司的贝塔，给他带来了比较大的超额收益。和强调阿尔法的大多数主动管理型基金经理不同，孙浩中坦陈他对贝塔的重视程度甚于阿尔法，但我们发现，他的贝塔不是简单在产品划定的赛道上随波逐流，而是把这个行业拆得非常细。从下游到上游，从材料到工艺，从产业趋势到技术变革，他把更多的时间花在了寻找以季度为标尺的高景气细分行业上。所以，他可以在锂矿刚有表现时就快速反应赚到第一波，而在提价后大家纷纷入场的第二波时边打边撤；他会在硅片竞争者一拥而入时避开锋芒，寻找相关受益细分领域；在磷矿被炒作时，他会去寻找类似萤石这样的上游领域。此类例子不胜枚举。他承认贝塔，拥抱贝塔，这基于对行业的深刻理解和用心观察。

孙浩中对投资的理解，有一点和大部分基金经理不同。许多人都以赚业绩增长的钱为目标，但是他却认为赚估值提升的钱更重要。这一点也容易理解，要找到一只短期涨五倍甚至十倍的股票，光靠业绩增长是远远不够的，必须有一部分估值提升。但估值提升意味着认知上的巨大差异，这也是孙浩中能有如此优异业绩的原因。

新能源汽车时代，如同十年前的智能手机时代，会造就一大批超级大牛股，也给我们打开了科技投资的新领域。在本书中，我们看到一个个像孙浩中这样的新兴基金经理，将在新能源行业长期积累的理解，转化成优异的投资业绩。我们普通人也能从这一篇篇访谈中，理解不同的硬科技投资视角。

## 景气度，格局，估值选股

**朱昂：能否先介绍一下你的投资框架？**

**孙浩中：**我一开始做投资是从新能源主题基金起步的，这类基金新兴产业特征明显。2020年10月我开始管理泛制造业基金，我把行业框定在四到五个，但仍然集中在新兴产业，其中新能源占比70%～90%。随着未来产品规模扩大，我的投资范围会更加广阔。我的自我定位是泛制造成长型选手，选股思路第一看景气度，第二看格局，第三看估值。

**朱昂：选股思路这三点能否展开讲讲？**

**孙浩中：**大部分成长股选手，都是景气度优先。我们以新能源汽车和光伏的景气度为例，先看行业销量数据，比如2021年3月底，中国、欧洲、美国新能源汽车都有同比200%～300%的增长。然后看中游排产数据，还有一些价格指标，有时候也可以跟踪龙头销量预期。

这也解释了为什么五六月份，我对投资组合中的光伏做了减持，而进一步增持了新能源汽车，因为我觉得光伏有点抢跑，二季度景气度很一般，不符合我景气度为先的配置思路。反观新能源汽车，3月开始从低点环比提高。两个板块相比较，我选择布局在新能源汽车更多，这是第一步。

第二步研究在新能源细分领域里如何布局。首先评估未来半年到一年哪些环节可能成为主要矛盾。对应景气度改善最好的指标是涨价预期。比如当时选出的锂、隔膜、六氟磷酸锂，就是通过涨价预期体现了较高的景气度，供需结构比较紧张。其次选择格局变好的环节，筛选出锂、六氟磷酸锂、铜箔、隔膜、磷酸铁锂供需紧张，但其中治理有瑕疵的我不太参与。

2019～2020年，下游的硅片大幅扩产，有一家公司的市值从40多亿元成长到了400多亿元。新进入者的市值翻了十倍，体现了成功效应，也使更多公司进入硅片领域。我就思考硅片产能扩张过程有没有受益环节，围绕这个逻辑找了三类公司：光伏炉子、热厂、功率电源。这些都是细分行业龙头，可以说是隐形冠军。

格局是企业竞争力中的长期评估项，各细分行业差异明显，需要动态跟踪。

我对估值的容忍度比一般人高，但不是无限高，因为我投资的主流赛道——光伏和新能源汽车的渗透率都还比较低。估值是对预期收益率的动态评估。有些公司我觉得很贵卖掉了，但还会涨一波，显然不少人的估值容忍度比我更高。

## 详解新能源汽车和光伏投资地图

**朱昂：你研究新能源多年，能否科普一下新能源汽车的投资地图？**

**孙浩中：** 新能源汽车投资基本围绕电池展开，锂电池价值量占比非常高，行业空间够大，是能养出大鱼的池塘。任何成长股的投资，都要在空间足够大的行业找牛股。某电池龙头企业的市值过万亿，已经是市场自发选出的龙头，每季度市占率都在50%以上，我们要去评估它能否维持、竞争力如何。

如果认为电池制造是偏材料工艺，就可分出正极、负极、隔膜、电解液四大中游材料。接下来我谈谈对四大材料的看法。

理论上正极空间最大，但壁垒不高，竞争格局不好，以前大家不看好，但2021年有公司走出了结构性行情。这个要细化研究，就像白酒肯定过剩，但高端酒稀缺。我个人对只做单环节的公司会打个问号，但往上游延伸，尤其是三元前驱体材料，格局还是很清晰的。

负极以前是"五大四小"的格局，环节单一，但电子技术本身有迭代，现在大家也往上游走。石墨化属于高耗能环节，在双碳背景下，如果能源低成本区域能够卡住脖子，中长期竞争力会比较明显，还要动态跟踪。

材料里格局最好的是隔膜，2019年龙头的市占率为45%，大家还有所怀疑，说二三线有8~10家也在进入这个行业，而且有些也导入了大客户，担心这些企业会对它造成挑战。跟踪到2021年，发现其他人要么退出，要么被它收购，龙头的地位反而强化了。长期看竞争格局很难改变，当然，隔膜龙头的估值也高一些。

电解液格局以前不太好，主流企业有3家。2015~2016年，六氟磷酸锂价格大幅波动，这个过程中有些企业的市占率下滑了，也有企业通过战略眼光逆势扩张产能，市占率从25%提升到30%以上。电解液的竞争格局在优化，中长期变得更清晰。龙头企业的成本也降低了，长期看市占率还能提升。

总结一下，隔膜最好，电解液次之，负极再次之，正极最差。

谈完了中游，我们再往上游走。我的组合上游资源配置较多，会从长期、中期、短期维度评估。

先看长期维度。美国陆续推出新能源汽车刺激计划和战略指导，我们发现电池环节美国是要掌控的，哪怕扶持别人，也要想办法掌控资源。而中国在燃油车时代，铁矿石和原油对外依存度为60%，2020年锂对外依存度也是这么多，所以在锂资源上有很强的自给率需求。

再看中期维度。投资有时代烙印，2006年买基本金属，因为GDP增速是12%，那时看未来3～5年基本金属的需求增速在20%以上，当时的大牛股都是基本金属。今天，新能源汽车和储能背后是电动化，碳酸锂需求未来3～5年的复合增速在30%以上，阶段性供需错配，需求增长远快于供给。

最后看短期维度。产业上，很多企业到处拿矿。微观上，定价机制发生变化，无锡电子盘推出碳酸锂交易品种，矿业公司引入金矿拍卖机制。最近我还发现，各行各业的人都在往这个领域里面冲，导致中游扩产一上来就是10万吨、20万吨，上游资源必然紧张，前段时间的磷矿就是这个逻辑。我最近围绕这个逻辑也找到了一些新的方向，比如萤石会受益于磷酸铁锂的扩产。市场短期有点极致了，资源端要重新评估。

**朱昂：光伏的投资地图又是什么样的？**

**孙浩中：**光伏本身的使命是降低成本，所以要去看细分环节。我分成五个部分——硅料、硅片、电池片、组件和逆变器，看供需格局、产业链利润如何分配。在不同阶段，行业利润分配的方式也不一样。

我个人排第一的是逆变器。逆变器是少数不由中国企业占主导地位的产业，组件、电池片、硅片90%都由中国供应，硅料60%，只有逆变器是不断进口替代的，同时本身蛋糕也在做大，一两年逻辑很顺。三五年后，如果行业内卷，价格洗牌完全有可能。同时，逆变器的估值是最贵的。我之前也参与过逆变器，但因为纠结估值，卖得比较早。

组件在3～4月表现比较好，我在底部买过，其实那时候不完全符合我的框架，因为只知道景气度一定会修复，但不知道何时修复。当时买的公司估值很便宜，400亿元出头，在行业低点，单瓦盈利两三分钱；行业分散，前五名市场占有率差别不大。经历了2019年光伏玻璃、胶膜的涨价，有些公司受损严重。往后3～5年，前四名集中度（CR4）提升，龙头定价权会体现。

再细分去看，胶膜和跟踪支架格局清晰，没有技术迭代风险，是比较好的。胶膜和隔膜很像，龙头在行业低迷时还有20%的毛利，行业好的时候有明显定价权，都具备二次增长极，两者都要拓展做成平台，卡住50%的市占率。

**朱昂：我看到你二季报第一大重仓股不是很主流的大白马，一些相对主流的公司仓位反而不是那么重，是怎么考虑的？**

**孙浩中：** 在硅片大幅扩产能的过程中，我就去找相关收益标的了。这家公司5月初有解禁，股价不断阴跌，市值一度跌到120亿元，反而在交易层面利好建仓。作为细分行业龙头，随着进入硅片领域的公司增多，热厂景气度很高，它的订单排产已经到12月，结合出货量估算业绩，2022年预计有5亿元的利润、40%～50%的增长。而且公司的产品属于耗材，会不断消费，那么作为工业消费品，给50倍估值，就应该是250亿元的市值，对应当时的买入市值有翻倍空间。

主流公司，比如某电池龙头，做新能源汽车主题基金肯定绕不开。我觉得它有点像某高端白酒在消费基金中的地位，放到两个月以前，机构投资者也很难算清楚这家高端白酒的预期收益率，即使算出来也不那么有吸引力。所以我会给一定比重，但不会放太高，因为不符合我预期收益率的目标，我需要不那么核心的资产，来实现更高的收益率。

科技行业的投资，最害怕的是变化，最喜欢的也是变化。这家公司有科技属性，似乎不怕变化，供应链、保障能力、工程师都很强，但它对小电池有一点担心，如果某条技术路线出一个黑科技，对它是颠覆性的打击。

**朱昂：** 前面提到的隔膜和电解液，在你的配置里仓位也不那么重，可以展开讲讲吗？

**孙浩中：** 我要解释一下，这部分仓位是阶段性的，跟股票池管理有关。3月我买的是隔膜龙头里的第二名（下称龙二），120亿元的市值，龙头里的第一名（下称龙一）那时的市值是1200亿元，我就思考龙二有没有这么差。其实龙二我在研究员时期就跟过，之前一直不达预期，到了3月，我发现一季报比预期好，开始出现一些变化，盈利改善，客户结构变化。这个行业不可能只有一家公司，不然不利于下游电池采购，龙一利润已经很高，是龙二的七八倍，想再高逻辑上有点问题。所以当时买的是一二线估值修复的逻辑。

事实上5月开始的隔膜龙头快速上涨源于行业层面的变化。大家提出隔膜涨价的逻辑，一开始是修复估值，到后面是景气度快速提升。我开头就说过，对估值我的包容度会高一些，但不会无限容忍。

## 选对贝塔，赚估值提升的钱

**朱昂：你更多赚的是利润增长的钱还是估值的钱？**

**孙浩中：** 在这个行业似乎大家都羞于谈贝塔，只谈阿尔法。我个人的观点是贝塔更重要。人生也一样，进好学校，上来要的就是贝塔。好的行业，基本躺赢，跟赛道一样，所以比起自下而上研究个股，我更喜欢研究细分环节。

打个比方，研究员推一只光刻胶个股，即便股票很牛，我最多买2%～3%，但如果说光刻胶产业链接下来非常好，我可能会配一揽子，权重就上去了。这个效应2021年在锂上表现得很明显，龙头公司资源禀赋最好，治理结构最好，理论上应该是有阿尔法的，但实际上龙头是涨得最少的。这就是典型的盈利能力有阿尔法，但是股价表现并没有阿尔法。

贝塔还有一个好处，就是可以相互验证。市占率、战略相互验证，可以大幅提高成功率。如果只盯住一个，其实挺危险的。

这是我的一家之言，同行里也有自下而上挖个股很牛的，但那不是我的风格。

找一两年翻倍的股票，从预期收益率上找，挺难的，这种股票需要巨大的预期差。要么盈利增速远高于市场预期，要么估值能快速提升，要么有产业政策上的大变革，要么有某个业务上的巨大突破……很难。

在我做的投资中，大部分时间赚的是估值的钱，但PE影响因素里只有盈利可跟踪，其他情绪、宏观等，都把握不住。以宏观为例，2021年美国那么多经济学博士聚在一起研究宏观数据，实际结果跟他们的预期正好相反。可以说，我们通过盯着盈利，赚估值的钱。

其实有人做过统计，在成熟市场赚盈利的钱概率很小，大部分还是赚估值的钱，背后聚焦的是盈利的变化，因为这是唯一能把握的维度。某种意义上，一两年的翻倍股并不难找，市场越来越聪明，很多东西提前了。市场背后反映的是对盈利预期的变化，而不是实际结果。

**朱昂：在赚贝塔和赚阿尔法的认知上，你有什么特别的经历吗？**

**孙浩中：** 医生的成功很多是在失败案例中总结出来的，我觉得挺有道理，投资的成功其实也是这样。研究员时期我跟过一家有色公司，我过于关注阿尔法，认为这家公司的盈利会超预期。它当时做的是铅、锌、锡三个品种，量的扩张的确很猛，但是锌价和锡价大跌是没有想到的，行业贝塔看错了，没看到价格会出现大跌，甚至最终量的增长也低于我们的预期，也就出现了量价双杀。在这个案例中，我总结出，有两类公司要特别小心：第一，过于追求阿尔法、贝塔逻辑不顺的公司。如果是周期股，产品价格从高位慢慢下跌，即便量起得很猛，也要提高警惕，胜率不高。第二，业务多元化的公司。要关注的矛盾点过多，研究难度较大。

## 可能是电芯圈子里最懂周期的

**朱昂：你的超额收益来自哪里？**

**孙浩中：** 2021年超额收益更多来自周期。年初我的收益率是-6%，没想到居然拿到了第一笔机构投资者的申购，他们通过对新能源基金的搜索和前十大研究，发现我有超额收益，而别人是负两位数。当时的超额收益就来自重仓了稀土，再到后来我买了很多锂，也提供了超额收益。我有时候开玩笑，说我是电芯圈子里最懂周期的，这跟我的复合研究背景有关。

**朱昂**：你在做研究员的时候，有什么代表作？

**孙浩中**：有一家电池二线龙头，2018年底发现时其市值是130亿元，内部我是第一个写邮件挖掘的，标题是"电子烟龙头崛起"，当时我预测它能到200亿元市值。在2018年熊市，能找到涨50%的股票很难。

这家公司当时不是主流，业务复杂，各种电池业务，还有电子烟，覆盖的人少。卖方推过来后，我觉得很有意思，去惠州和公司聊，确实超预期。当时我把业务分拆了一下，给了2019年8亿元盈利预测、25倍估值，对应200亿元市值，最后公司盈利超过13亿元，大幅超预期。

后来这家公司来上海参加策略会一对多交流，我和管理层做了一次沟通。当时其他买方分析师主要关注动力电池的亏损，问了很多相关的问题。我那时候还挺着急的，因为这些问题都不是公司的主要矛盾，我们只要知道动力电池的亏损是否增加就行了，而带动未来利润增长的是新业务，就是电子烟和原电池。

后来我又去了一次荆门基地，老板是湖北人，相当于回报家乡，聊下来也很好，我们才慢慢开始买。投资大部分时候要"大胆假设，小心求证"。

到了2019年，公司的很多业务原先没想到：ETC强制执行、TWS耳机电池、工业大麻概念。我特别喜欢短期有安全边际、中期有催化、长期逻辑比较好的标的。这家公司短期涨了 50%，估值才回到历史中枢。中期，一季报增速在 100% 以上。这家公司短期有电子烟、原电池提供业绩，长期动力电池厚积薄发，但涨到 1000 亿元我有点看不懂了，成了什么概念都有的"机器猫"公司。

**朱昂：** 接下来对有色怎么看？

**孙浩中：** 我研究有色很久了，治理结构好的公司凤毛麟角，它们贵有贵的道理。从投资上来讲，我倾向阶段性投资有色。举例来说，在新能源下跌时，我不能无动于衷，我要找一些东西做对冲，找到了稀土，几家公司一共买了接近 10%，做了防御。

后面我又买过一次稀土，原因是看到新能源汽车对永磁的拉动，需求端上了台阶，未来 3~5 年增速可能变成 15%。供给端受配额影响，增长只有 10%，中长期出现供需错配。

锂是这个环节的核心矛盾，还是刚才从长中短期分享的逻辑，唯一的缺点是比较贵，二线我 3 月给的估值是 200 亿元，后来是 300 亿元，现在是 500 亿元。

钴就品种来说一般，无钴、低钴趋势明显，但是行业龙头不是典型的资源公司，更像是材料公司，远期一体化能力强，周期属性弱化。

## 碳中和趋势势不可挡，机会层出不穷

**朱昂：** 可以展望一下新能源产业的投资未来吗？

**孙浩中：** 教育"双减"出来，提升了我对新能源汽车的乐观程度。

过去大家过分追求效率，很多环节压制明显，但往后看 3～5 年，双碳和安全是两个主要方向，组合上可能呈现低碳或者高硅。市场对政策明确的行业会集中资源，中共中央政治局会议明确提出对新能源汽车的支持，站在全球共振节点上，无论是新能源汽车，还是半导体等硬科技，看 3～5 年没问题。

随着新能源的发展，对在传统行业产生的机会要重视，比如一些化工品，随着下游需求增长，增速可能上一个台阶，逻辑和稀土类似。我们以六氟磷酸锂为例，需求量从今天的 8 万吨预计会增长到 2030 年的 20 万吨，那么下游的化工品需求也会增长得很快。价值一旦发生重估，从 10 倍到 15 倍，就是 50% 的空间，到 20 倍就是翻倍，是细分品种阶段性的机会，我们最近也在往这个方向拓展。

我最近在路演中也提到，碳中和趋势势不可挡，机会层出不穷。光伏和新能源还是主赛道，这里面发散性机会很多。回头看半导体，因为新能源汽车快速增长，功率半导体老说缺芯。

**朱昂：对你投资影响比较大的书或人物有哪些？**

**孙浩中：** 读书的时候专业书看得多，等到研究做到后半段，开始做投资了，专业书看得越来越少，人物传记和历史书看得多了。做投资容易焦虑，涨跌都会慌，背后是一个人对远期的信心。公司或者个人在历史长河中是很渺小的。这个行业聪明的人和勤奋的人太多，我希望自己能从心态上跑出来。

**朱昂：投资生涯中有没有什么飞跃点？**

**孙浩中：** 2016 年我积累个股的量比较多，2018～2019 年个股质量明显上升。2015 年以前市场是小票风格，不需要研究产业格局，更多是打听消息、收并购。熔断以后，我开始研究产业格局和景气度，所以 2016 年我研究了大量龙头，夯实了方法论，也契合了市场变化。管理组合之后，和机构投资者的交流更多，他们会 360 度评估我的组合，某种意义上也是客户推动我反复拷问自己，不断打磨自己的定位、打法、投资方法论。

## 投资理念与观点

▶ 我的自我定位是泛制造成长型选手，选股思路第一看景气度，第二看格局，第三看估值。

▶ 对应景气度改善最好的指标是涨价预期。

▶ 新能源汽车投资基本围绕电池展开，锂电池价值量占比非常高，行业空间够大，是能养出大鱼的池塘。

▶ 我就思考硅片产能扩张过程有没有受益环节，围绕这个逻辑找了三类公司：光伏炉子、热厂、功率电源。这些都是细分行业龙头，可以说是隐形冠军。

▶ 隔膜最好，电解液次之，负极再次之，正极最差。

▶ 逆变器是少数不由中国企业占主导地位的产业，组件、电池片、硅片 90% 都由中国供应，硅料 60%，只有逆变器是不断进口替代的，同时本身蛋糕也在做大。

▶ 好的行业，基本躺赢，跟赛道一样，所以比起自下而上研究个股，我更喜欢研究细分环节。

▶ 大部分时间赚的是估值的钱，但 PE 影响因素里只有盈利可跟踪，其他情绪、宏观等，都把握不住。

▶ 我特别喜欢短期有安全边际、中期有催化、长期逻辑比较好的标的。

▶ 往后看 3~5 年，双碳和安全是两个主要方向，组合上可能呈现低碳或者高硅。